주소보정방법
법원서류송달
우편·집행관송달

소장·지급명령·소송서류
송달방법
송달요령

편저 : 대한법률콘텐츠연구회

(콘텐츠 제공)

해설 · 최신서식

📖 법문북스

머 리 말

모든 소송은 소송서류가 송달이 되어야 소송이 시작되고 송달이 되지 않으면 소송을 제기한 원고나 채권자가 송달가능한 주소를 보정하여야 하고 그 의사표시는 반드시 상대방에게 송달되어야 합니다. 그러므로 어떤 의사표시나 상대방이 있는 문서는 상대방에게 송달을 원칙으로 하므로 송달은 매우 중요합니다.

소송에 관련된 서류를 일정한 방식에 따라 당사자나 소송 관계인에게 보내는 일을 송달이라고 하는데 이러한 송달은 법원의 경우 대부분 법원의 담당사무관 등이 맡고 있습니다.

송달 없는 재판이라는 것은 있을 수 없으며, 그만큼 송달은 아주 중요한 제도라고 할 수 있습니다. 그러나 송달의 방법은 법률전문가도 잘 모르는 사람들이 대부분입니다. 송달 문제는 소송절차를 겪어 보면 금방 이해가 되겠지만 교과서만 읽어서는 송달방법을 잘 이해가 가지 않습니다.

재판절차나 이에 준하는 절차에서의 송달은 민사소송법에 규정된 것을 준용하거나 유사하게 규정하는 예가 많은데, 송달에 관한 사무는 법원사무관 등이 처리합니다(민사소송법 제175조 제1항). 따라서 송달방법의 선정도 재판참여관의 권한입니다. 다만, 실제 우편 발송 등은 재판실무관이 합니다.

해당 사건에 출석한 사람에게는 법원사무관등이 직접 송달할 수 있습니다.

그래서 민사법정 방청을 하다 보면 재판실무관이 출석한 당사자나 대리인에게 소송서류를 교부하고서 확인서명이나 영수증을 받는 광경을 볼 수 있습니다.

법원사무관등이 그 법원 안에서 송달받을 사람에게 서류를 교부하고 영수증을 받은 때에는 송달의 효력을 가집니다. 따라서 법원에 직접 서류를 받으러 온 당사자에게도 법원의 과내에서 송달할 수 있습니다.

송달은 우편 또는 집행관에 의하거나, 그 밖에 대법원규칙이 정하는 방법에 따라서 하여야 하고 '민사소송규칙'이 정한 송달방법으로는 전화 등을 이용한 간이송달, 변호사 사이의 송달이 있습니다.

그러나 우편에 의한 송달이 대원칙이라고 할 수 있습니다.

이는 등기우편과 약간 비슷하지만, 아무나 대신 우편물을 받을 수 없고, 또 우편집배원이 송달보고를 하여야 한다는 특색이 있습니다.

송달받을 사람은 누가 송달받을 명의인으로 되느냐 입니다. 다만, 다른 당사자의 신청이 있는 때에는 공휴일 또는 해뜨기 전이나 해진 뒤에 송달하는 특별송달을 싱청하면 집행관은 오늘은 이 동네를 돌면서 업무를 수행하고, 그 다음 날은 저 동네를 돌면서 업무를 수행하고 하는 식으로 직접 송달장소로 찾아가 송달을 합니다.

사람이 대신 수령할 수 있는 경우가 몇 가지 있습니다 원칙적으로는 당사자 본인이 송달받을 사람이지만, 중대한 예외가 여러 가지 있습니다. 소송무능력자에게 할 송달은 그의 법정대리인에게 합니다. 가령, 미성년자가 당사자라면 그에게 할 송달은 그의 법정대리인에게 합니다.

법인이 당사자라면 그 대표자가 '송달받을 사람' 입니다.

군사용의 청사 또는 선박에 속하여 있는 사람에게 할 송달은 그 청사 또는 선박의 장에게 합니다. 교도소 · 구치소 또는 국가경찰관서의 유치장에 체포 · 구속 또는 유치장에 구금된 사람에게 할 송달은 교도소 · 구치소 또는 국가경찰관서의 장에게 경우에는, 그가 '송달받을 사람'이 됩니다.

원칙적으로 송달은 받을 사람의 주소 · 거소 · 영업소 또는 사무소에서 합니다. 다만, 법정대리인에게 할 송달은 본인의 영업소나 사무소에서도 할 수 있습니다. 따라서 법인에 대한 송달 역시 본점 소재지에서 할 수 있습니다.

그 밖에 당사자가 송달장소를 신고한 때에는 그곳이 송달장소가 됩니다.

이때, 송달영수인신고도 함께 할 수 있습니다. 쉽게 말해, 법원에 송달장소 및 송달영수인 신고를 하면 집이나 직장에서 받기 곤란한 소송서류를 그 밖의 장소에서 또는 지인을 통해서도 받을 수 있습니다.

주소 등을 알지 못하거나 주소 등에서 송달할 수 없는 때에는 송달받을 사람이 고용 · 위임 그 밖에 법률상 행위로 취업하고 있는 다른 사람의 주소 등에서 송달할 수 있습니다.

송달받을 사람의 주소등 또는 근무 장소가 국내에 없거나 알 수 없는 때에는 그를 만나는 장소에서 송달할 수 있으며, 주소 등 또는 근무 장소가 있는 사람의 경우에도 송달받기를 거부하지 아니하면 만나는 장소에서 송달할 수 있습니다. 이를 조우송달이라고 합니다.

당사자 · 법정대리인 또는 소송대리인이 송달받을 장소를 바꿀 때에는 바로 그 취지를 법원에 신고하여야 합니다. 송달장소변경신고를 해태하면 이후의 소송이 발송송달이나 공시송달로 진행되어 버리는 불이익을 입을 수 있습니다.

형사소송의 경우에는 민사소송의 경우와 비슷한 송달영수인 선임 제도가 별도로 있습니다. 피고인, 대리인, 대표자, 변호인 또는 보조인이 법원 소재지에 서류의 송달을 받을 수 있는 주거 또는 사무소를 두지 아니한 때에는 법원 소재지에 주거 또는 사무소 있는 자를 송달영수인으로 선임하여 연명한 서면으로 신고하여야 하는데, 송달영수인은 송달에 관하여 본인으로 간주하고 그 주거 또는 사무소는 본인의 주거 또는 사무소로 간주하며, 송달영수인의 선임은 같은 지역에 있는 각 심급법원에 대하여 효력이 있습니다.

송달받기 위한 신고를 하지 않은 때에는 민사소송의 경우와 유사한 불이익을 받게 됩니다. 그러나 신체구속을 당한 자에게는 송달영수인 선임이 문제되지 아니합니다.

송달은 특별한 규정이 없으면 송달받을 사람에게 서류의 등본 또는 부본을 교부하여야 하는데 이것이 송달방법의 원칙입니다. 송달받을 사람 대신 수령대행인에게 서류를 교부하는 것을 보충송달이라고 하는데, 이에는 두 가지가 있습니다.

근무 장소 외의 송달할 장소에서 송달받을 사람을 만나지 못한 때에는 그 사무원, 피용자 또는 동거인으로서 사리를 분별할 지능이 있는 사람에게 서류를 교부할 수 있습니다. 근무 장소에서 송달받을 사람을 만나지 못한 때에는 그 고용주 또는 그 법정대리인이나 피용자 그 밖의 종업원으로서 사리를 분별할 지능이 있는 사람이 '서류의 수령을 거부하지 아니하면' 그에게 서류를 교부할 수 있습니다.

다만, 사리를 분별할 지능이 있는 사람에게 교부해야 하므로, 가령 초등학교 1학년 이하의 어린애에게 교부하면 송달이 부적법하므로 유의하여야 합니다. 또한 친족이라 하더라도 같이 사는 사람도 아닌데 교부하면 역시 송달이 부적법합니다.

같이 사는 사람이라 하더라도, 가령 이혼 소장을 원고 본인이나 원고 편인 자녀에게 교부하면 역시 송달이 부적법합니다. 서류를 송달받을 사람 또는 수령대행인이 정당한 사유 없이 송달받기를 거부하는 때에는 송달할 장소에 서류를 놓아둘 수 있습니다.

하지만 일부러 송달을 안 받으려고 하는 사람들이라면 우편집배원이나 집행관과 맞닥뜨려 놓고서 안 받겠다고 뻗대기보다는, 우편집배원이나 집행관이 찾아왔는데도 집에 없는 척하는 것이 일반적이라 실제로 유치송달을 하는 경우는 거의 없습니다.

송달장소가 바뀌었는데도 이를 신고를 안 한 경우나 보충송달도 유치송달도 할 수 없는 경우 등에는 법원사무관 등이 서류를 등기우편(환부거절 표시를 함)으로 '발송한 때에' 송달된 것으로 간주합니다.

형사소송의 경우에도 주거, 사무소 또는 송달영수인의 선임을 신고하여야 할 자가 그 신고를 하지 아니하는 때에는 법원사무관 등은 서류를 우체에 부치거나 기타 적당한 방법에 의하여 송달할 수 있으나 서류를 우체국에 부친 경우에는 도달된 때에 송달된 것으로 간주합니다.

아무쪼록 본서를 접한 모든 분들은 누구든지 송달문제로 고민하는 분들은 주소보정을 잘해 단 한 번에 송달을 잘 마무리 하시고 늘 웃으시면서 건강하시기 바랍니다.

대단히 감사합니다.

편저자 드림

차　례

본　문

1

최 신 서 식

본문

제1장 소송서류 송달방법 특별송달 공시송달

제1절 소장 및 지급명령 송달

소장이나 지급명령신청은 원고(채권자)나 피고(채무자) 사이에 다툼이 생겨 원고(채권자)의 권리주장의 당부를 심판하기 위해서 소송의 주체인 당사자 원고(채권자) 또는 피고(채무자)와 심판의 대상인 청구를 특정하여야 합니다. 소장과 지급명령신청에는 필수적으로 기재하여야 할 사항으로 당사자ㆍ법정대리인ㆍ청구취지ㆍ청구원인 등 네 가지를 규정하고 있습니다.

아울러 당사자의 주소를 적어야 하고 법원은 그 주소지로 소장의 부본이나 지급명령정본을 송달하여야 합니다.

특히 소장이나 지급명령신청에는 원고(채권자) 및 피고(채무자)가 누구인가를 다른 사람과 구별을 할 수 있을 정도로 표시하여야 하는 것은 당사자 사이에 판결절차나 독촉절차가 개시되었는가를 구체적으로 특정하여 판결의 기판력이 미치는 주관적 범위를 명확히 하여야 하기 때문입니다.

원고(채권자), 피고(채무자) 당사자의 지위를 기재한 다음, 자연인(사람)의 경우에는 성명과 주소를, 법인(회사) 또는 법인이 아닌 사단ㆍ재단의 경우에는 명칭(회사의 경우에는 상호)과 주된 사무소(회사의 경우에는 본점)의 소재지를 기재하는 것은 모두 소송서류나 소장 또는 지급명령을 송달을 위한 것입니다.

재판의 효력이 미치고 강제집행의 대상이 되는 당사자의 인적사항 (1)성명 (2)주소 (3)주민번호 (4)법인등록번호를 특정하여 소장이나 지급명령신청에 기재하여야 합니다. 한편 법원은 특정된 주소지로 소장이나 지급명령정본을 송달하여야 소송이 개시되고 지급명령이 확정됩니다. 지급명령의 경우 반드시 지급명령이 송달되어야 하므로 채무자의 인적사항을 알아야만 지급명령을 신청할 수 있습니다.

채무자의 인적사항을 알지 못하면 채무자의 주민등록초본을 발급받을 수 없으므로 주소보정을 할 수도 없고 인적사항을 기재하지 않은 채 지급명령이 채무자에게 송달되어 확정되었다 하더라도 지급명령에 채무자의 인적사항으로 주민번호가 없으면 동일인임을 증명할 수가 없어 강제집행을 할 수 없는 폐단이 생길 수 있으므로 지급명령을 신청하기 위해서는 반드시 인적사항을 알아야 하고 인적사항을 알지 못하는 경우 바로 통상의 소송을 제기하는 것이 더 빠를 수 있습니다.

법원은 소장이나 소장에 준하는 서면과 지급명령신청이 접수되면 특별한 사정이 없는 한 바로 피고(채무자)에게 소장의 부본이나 지급명령정본을 송달하여야 합니다. 모두 송달에 의하여 소송이 개시되고 지급명령이 확정됩니다.

소장이나 지급명령신청의 심사단계에서 피고(채무자)에 대한 송달이 가능한 것으로 되어 있었으나(주소와 송달수령권자가 명시되어 있고 송달료도 예납된 경우) 송달을 시행하여 본 결과 송달실시기관(주로 우편집배원)의 보고서에 의하여 송달불능임이 드러난 경우 법원은 재 송달, 주소보정명령, 공시송달, 특별송달, 불이행시 소장각하명령 등의 조치를 취할 수 있습니다.

지급명령이 채무자에게 송달이 되지 않아 어려움을 겪고 계시다면 법적절차를 통해 송달할 수 있습니다.

못 받은 돈을 받기 위해 지급명령을 신청하였는데 폐문부재로 송달이 되지 않았다며 주소보정명령을 받았다면 경험이 없는 분들에게는 누구에게 물어볼 수도 없고 그렇다고 해서 법률전문가에게 의뢰할 수도 없는 상황에서 고민하시는 분들이 주변에는 가장 많습니다.

그렇다고 해서 주민등록번호를 모른 채 지급명령을 신청한 분들은 주소보정명령에 채무자의 주민등록번호를 기재하지 않아 주민 센터에 가서도 채무자의 주민등록번호가 없으면 주민등록초본을 발급받을 수 없으므로 주소보정을 할 수도 없습니다.

대부분 채무자의 주민등록번호를 모른 채 휴대전화나 다니는 직장의 주소만 알고 지급명령을 신청한 경우 지급명령을 채무자의 주소지로 송달하여 채무자가 송달을 받아 그 지급명령이 확정되었다고 하더라도 지급명령에 주민등록번호가 없으면 후일 동일인임을 증명할 수 없어서 강제집행을 할 수 없는 폐단이 생길 수 있으므로 주민등록번호를 모를 경우 지급명령신청에서는 사실조회나 공시송달을 허용하지 않으므로 통상의 소송을 제기하여 통상의 소송절차를 통하여 사실조회로 인적사항을 확보하거나 공시송달의 요건이 갖추어진 경우 공시송달로 소송을 끝낼수도 있습니다.

법원은 지급명령이 발령되면 채무자에게 먼저 지급명령정본을 송달합니다.

지급명령을 가지고 우편집배원이 배달을 하려고 채무자의 주소지로 갔으나 폐문부재로 송달을 하지 못한 경우 법원은 채권자에게 7일 이내에 채무자에게 송달가능한 주소를 보정하라고 보냅니다.

폐문부재는 채무자의 집에 문이 잠겨 있고 사람이 없어서 우편물을 전달하지 못한 경우를 말합니다. 법적인 다툼에서 문서가 송달이 되지 않는 경우는 여러 가지가 사유가 있을 수 있습니다.

폐문부재는 문이 잠겨 있으며 연락이 안 되고 전달이 불가능한 상황을 말합니다.

주소불명은 주소가 확실하지 않거나 호수가 많아 통·반을 알지 못하는 것을 말합니다.

이사불명은 수취인이 이사를 하였는데 옮긴 주소를 모르는 경우를 말합니다.

수취인부재는 우편에 표기된 수취인이 군 입대, 교소도 수감된 상태를 갈합니다.

수취인불명은 표기된 수취인이 누구인지 알 수 없거나 확인이 안 되는 경우를 말합니다.

수취 거절은 우편물, 택배를 받는 사람이 우편물의 수취를 거절하는 경우를 말합니다.

위와 같이 다양한 사유가 있는데 일단 지급명령정본의 경우 폐문부재일 때는 기다리시면 법원에서 채권자에게 주소보정명령을 보내옵니다.

그렇다고 해서 법원이 바로 주소보정명령을 하는 것은 아닙니다.

우편집배원이 우편물의 도착사실을 알린 메모지를 보고 채무자가 우체국으로 찾아와 수령하는 경우도 있기 때문에 주소보정명령이 나기까지는 약간의 시간이 걸릴 수 있습니다.

법원은 우편집배원의 송달불능보고서를 받으면 채권자에게 지급명령이 폐문부재로 송달불능이 되었으므로 7일 이내에 주소를 보정하라는 주소보정명령을 합니다.

채권자로서는 전자독촉으로 지급명령을 신청한 경우 대법원 전자독촉에 접속하여 〈주소보정명령〉 문서를 확인할 수 있습니다.

주소보정을 7일 이내에 완료해야 하며, 채무자의 송달불능사유로는 폐문부재가 명시되었습니다. 주소보정명령서를 가지고 가까운 주민 센터에 가서 채무자의 주민등록초본을 발급받아 주민등록상에 등재된 채무자의 주소를 보정하면 됩니다.

그러나 주소보정명령에 채무자의 주민등록번호가 기재되어 있으면 그 주소보정명령서에 의하여 채무자의 주민등록초본을 발급받을 수 있으나 주소보정명령에 채무자의 주민등록번호가 없다면 채무자의 주민등록초본을 발급받을 수 없으므로 소제기 신청을 하여 본안법원으로 넘어가서 알고 있는 기본정보를 활용하여 사실조회를 신청하고 인적사항을 확보해야 합니다.

채권자는 주소보정명령서와 신분증을 지참하고 가까운 주민 센터를 가셔서 채무자의 주민등록번호로 주민조회를 하시면 현재 채무자가 살고 있는 주소지로 채무자의 주민등록초본을 발급받을 수 있습니다.

주민 센터에 가시면 주민등록표 등·초본 교부신청서가 비치되어 있으므로 작성하시고 용도에는 법원제출용, 신청대상과의 관계에는 이해관계인, 주소보정명령서 원본과 채권자의 신분증을 지참하여 신청하시면 채무자의 주민등록초본을 발급받을 수 있습니다.

지급명령의 송달방법에는 여러 가지가 있습니다.

일반 우편으로 태달이 가능한 경우 채무자의 주소지로 우편집배원을 통한 송달을 할 수 있습니다. 채무자가 주소지에 그대로 거주하는데 송달이 되지 않은 경우 재 송달을 신청할 수 있습니다. 채무자가 다른 곳으로 이사를 했으면 이사 간 그 새주소지로 송달할 수 있습니다.

일반적으로 우편집배원으로 하여금 교부송달이 불가능한 경우 그 이유로는 채무자가 늦은 시간대에 퇴근하는 경우 야간이나 공휴일을 이용해 우편집배원의 송달이 아닌 소속 집행관이 야간이나 공휴일에 채무자에게 직접 찾아가 송달하는 특별송달을 할 수 있습니다.

한편 특별송달을 신청하였는데 소속 집행관이 직접 채무자에게 찾아가 송달을 시도했으나 채무자에게 송달불능 된 경우 채권자는 소속 집행관이 제출한 송달불능보고서를 원용하여 공시송달을 신청하려면 지급명령신청에서는 공시송달이 허용되지 않으므로 소제기 신청을 하여 본안법원으로 넘어가 그 본안법원에서 공시송달을 신청하고 송달을 끝낼 수 있습니다.

주소보정명령에 의하여 채무자의 주민등록초본을 발급받아 보았는데 채무자의 주민등록이 무단전출로 인한 주민등록이 직권 말소되어 주소를 알 수 없어 공시송달의 요건이 갖추어진 경우에도 지급명령신청에서는 공시송달이 허용되지 않으므로 소제기 신청을 하고 본안법원으로 넘어가 그곳에서 공시송달을 신청하여야 합니다.

채무자가 주민등록만 옮겨놓고 실제 다른 곳에서 거주하여 지급명령을 송달할 수 없는 경우에도 소제기 신청을 하고 본안법원에서 공시송달의 요건을 임증하고 공시송달을 하여야 합니다.

1. 주민등록번호를 알고 있는 경우

채무자의 주민등록번호를 알고 있더라도 가까운 주민 센터에서 채무자의 주민등록초본을 발급받을 수 없습니다. 채무자의 주소가 변경되었거나 주소가 정확하지 않아 지급명령이 송달되지 않을 것으로 판단되는 경우 지급명령을 신청하면서 법원에 미리 주소보정명령신청을 하시면 법원에서 지급명령을 발하기 전에 채무자의 주민등록번호를 기재하고 주소보정명령을 하게 됩니다.

채권자는 주소보정명령을 가지고 가까운 주민 센터로 가시면 채무자의 주민등록초본을 발급받을 수 있습니다. 채무자의 주민등록초본을 발급받아 새로운 주소로 주소보정을 하시면 법원에서는 채무자의 그 주소지로 지급명령을 송달하게 됩니다.

법원에서는 채무자의 주민등록번호가 기재되어 있는 경우 채무자에 대한 주소보정명령을 할 수 있습니다.

2. 특별송달신청 방법

법원에서 지급명령을 채무자의 주소지로 송달하였으나 채무자가 늦은 시간대에 귀가하는 등 휴일이나 야간을 이용하여 지급명령을 송달하고자 할 때는 소속 집행관으로 하여금 지급명령을 송달할 수 있는 특별송달을 신청할 수 있습니다.

특별송달은 법원 소속 집행관이 직접 채무자의 주소지로 찾아가 지급명령을 전달하여 송달하는 방식입니다. 특별송달은 주간이나 야간 또는 토요일이나 휴일에도 송달할 수 있습니다. 그러므로 채권자는 채무자에게 지급명령을 송달가능한 때를 선택하여 특별송달을 시도해 볼 필요가 있습니다.

지급명령에 대한 특별송달은 일반적인 우편집배원의 송달이 불가능할 때 활용하여 송달하는 제도입니다.

3. 소 제기신청

채무자에게 지급명령이 송달되지 않아 재 송달을 신청하였으나 지급명령이 송달되지 않아 소속 집행관으로 하여금 특별송달신청을 하였으나 채무자에게 지급명령을 송달하지 못해 채무자의 주민등록초본을 발급받았는데 채무자의 주민등록이 직권으로 말소되었거나 주민등록만 주소지에 등재해놓고 실제 다른 곳에서 살고 있어 채무자의 주소를 확인할 수 없는 경우 지급명령신청에는 공시송달이 허용되지 않으므로 소제기신청을 하여 본안법원으로 넘어가 공시송달의 요건을 입증하고 공시송달을 신청하시면 공시송달로 송달을 끝낼 수 있습니다.

공시송달은 법원의 허가에 의하여 공시송달할 것을 명하고 법원의 게시판에 공고하는 방식을 통하여 공시송달이 완료되면 송달된 것으로 간주됩니다.

4. 재 송달 실시

주소불명 또는 수취인불명으로 소송서류나 소장 또는 지급명령정본이 반송된 경우 법원은 먼저 송달 시의 우편봉투에 기재된 주소 및 성명에 오기가 없었는지를 조사한 후 오기가 있었음이 확인되면 다시 올바르게 기재하여 재 송달을 실시하여야 합니다.

폐문부재로 반송된 경우에도 일단 재 송달을 실시하는 것이 원칙이나 재 송달을 하여도 반송될 만한 사정이 엿보일 때에는 바로 주소보정명령으로 나아갈 수도 있습니다.

따라서 등기우편 등 대법원규칙이 정하는 방법으로 하는 발송송달은 적어도 소송서류나 소장 또는 지급명령의 송달에서는 신중을 기하여야 합니다. 반송된 서류에 다른 즈소(이사 간 곳 또는 장기체류지)가 기재되어 있을 때에는 우선 그 곳으로 재 송달을 실시하여야 합니다.

5. 주소보정명령

주소불명 또는 수취인불명으로 소송서류나 소장 또는 지급명령정본이 반송된 경우 주소·성명에 오기가 없었거나 재 송달에서도 같은 사유로 반송된 경우 등에는 재판장(참여사무관 또는 지급명령의 경우 지방법원이나 지원은 사법보좌관)이 원고(채권자)에게 피고(채무자)에 대한 송달가능 한 주소의 보정을 명하여야 합니다.

주민등록법상 주민등록표의 열람 또는 등·초본의 교부가 본인 또는 세대원에 한정되어 있으나, 주소보정명령서를 가까운 주민 센터에 제시하여 소송수행 상

필요한 경우임이 증명되면 피고(채무자)의 주민등록초본을 발급받아 그 주소지로 주소보정을 할 수가 있습니다.

6. 사망의 경우

소송서류나 소장 또는 지급명령정본이 반송 된 서류에 피고(채무자)가 사망하였다는 그 뜻이 기재되어 있을 경우 만약 그 사망사실이 진실이라면 소송 자체나 지급명령신청 자체가 부적법하게 되므로, 사망 사실이 첨부자료 등에 의하여 명백히 확인되면 변론 없이 소 각하 판결이나 지급명령각하 결정을 합니다.

사망한 사실이 분명히 확인되지 않는 경우에는 변론을 열어서 확인한 후에 소 각하 판결을 하거나 지급명령신청의 경우 주소보정명령을 하고 결정하는 것이 원칙입니다.

다만 원고(채권자)가 피고(채무자)의 사망 사실을 모르고 사망자를 피고(채무자)로 표시하여 소를 제기하였거나 지급명령신청을 한 경우에 청구의 내용과 원인사실, 당해 소송이나 지급명령을 통하여 분쟁을 실질적으로 해결하려는 원고(채권자)의 소의 제기나 지급명령신청의 목적 내지는 사망 사실을 안 이후의 원고(채권자)의 피고(채무자)표시정정신청 등 여러 가지의 사정을 종합하여 볼 때 사망자의 상속인이 처음부터 실질적인 피고(채무자)이고 다만 그 표시를 잘못한 것으로 인정된다면, 사망자의 상속인으로 피고(채무자)의 표시를 정정할 수 있습니다.

7. 특별송달 또는 공시송달

원고(채권자)가 주소보정명령에서 정해진 기간 내에 피고(채무자)의 새 주소를 적어내지 않았다 하더라도 공시송달 또는 집행관·법원경위에 의한 송달을 신청한 경우는, 바로 소장각하나 지급명령신청의 각하명령을 하지 않고 그 신청에 따른 절차를 진행하여야 합니다.

다만 지급명령신청에는 공시송달이 허용되지 않으므로 공시송달이나 법원경위에 의한 송달은 제외되어 할 수가 없고 집행관에 의한 특별송달은 신청할 수 있습니다.

집행관 또는 법원경위에 의한 특별송달의 신청이 있는 경우에는 원래 송달에 관하여 어떠한 방법을 택할 것인가는 송달사무처리기관인 법원사무관 등이 재판장의 허가 절차를 거칠 필요 없이 직권으로 결정하는 것인데 집행관 등에게 지급할 비용이 예납되어 있는 이상 법원사무관 등으로서는 집행관 또는 법원경위를 통한 특별송달절차를 취하여야 합니다.

8. 주소보정 불이행

소명자료를 첨브하여 공시송달신청을 하는 경우에 그에 대한 허부재판을 도외시한 채 주소보정 흠을 이유로 소장각하명령을 하는 것은 위법합니다. 한편 법인에 대한 소송서류나 소장 또는 지급명령은 대표자의 주소나 거소에 하는 것이 원칙이고 법인의 영업소나 사무소에도 할 수가 있습니다.

따라서 법인인 피고(채무자)의 대표자 주소지가 아닌 소송서류나 소장 또는 지급명령신청에 기재된 피고(채무자)의 주소지로 발송하였으나 이사 불명으로 송달불능 된 경우에는 원칙으로 되돌아가 소제기 시나 지급명령신청 시에 제출된 법인등기사항증명서 등에 나타나 있는 피고(채무자) 대표자 주소지로 소송서류나 소장 부본 또는 지급명령 등을 송달하여 보고 그 곳으로도 송달되지 않을 때에 주소보정을 명하여야 것이므로 제1심 재판장이나 사법보좌관이 단지 법인의 주소지로 소송서류나 소장 부본 또는 지급명령 등을 송달하였으나 송달불능이 되었다는 이유만으로 주소보정명령 한 것은 잘못이고 결국 피고(채무자)의 주소보정을 않았다는 이유로 소장 각하명령이나 지급명령신청 각하명령도 위법합니다.

9. 소송서류 송달방법

송달은 법원이 재판에 관한 서류를 법정의 방식에 따라서 당사자 기타 소송관계인에게 교부하여 그 내용을 알리거나 알 수 있는 기회를 부여하고, 이를 공증하는 행위를 의미합니다.

따라서 송달은 재판권의 작용으로 행하는 명령적 · 공증적 통지행위로서 송달은 법원이 그 재판권에 기하여 법정의 방식에 따라 행하는 공권적 행위이므로 적법하게 송달이 행하여진 이상 송달받을 그 사람이 현실적으로 서류의 내용을 알았는가, 몰랐는가의 여부에 상관없이 법적으로 정해진 효과가 발생합니다.

한편 송달은 민사소송법에 특별한 규정이 없으면 법원이 직권으로 합니다. 송달은 직권송달의 원칙에 대하여 예외가 되는 다음 세 가지의 특별한 규정을 두고 있습니다.

첫째, 당사자의 신청에 의하여 공휴일 또는 해뜨기 전이거나 해진 뒤에 집행관에 의하여 송달하는 경우

둘째, 당사자의 신청에 의한 법원사무관 등이 공시송달을 행하는 경우(지급명령은 공시송달이 허용되지 않으므로 제외됩니다)

셋째, 양쪽 당사자가 변호사를 소송대리인으로 선임하는 경우에 그 변호사들 사이에서 소송서류 부본의 송달이 이루어지는 경우가 이에 해당합니다.

그 밖에 당사자 등이 재 송달신청을 하거나 집행관에 의한 특별송달신청을 하는 경우라도 그것은 법원의 직권발동을 촉구하는 의미밖에 없습니다.

10. 송달의 실시시기

송달을 실시할 그 시기는 송달하여야 하는 각종 소송서류의 종류와 성질에 따라 다르며, 소장의 부본은 최초의 변론기일이 지정되기를 기다릴 필요 없이 특별한 사정이 없는 한 바로 피고에게 송달하여야 합니다.

지급명령의 경우 지급명령이 발령되면 곧바로 채무자에게 지급명령정본을 송달하여야 합니다. 소장에 준하는 서면이 제출된 때에도 같습니다. 다만 준비서면의 경우 법원이 그 부본을 송달하면서 상대방에게 그에 대응하는 준비서면 등을 제출하게 하는 경우에는 상대방이 준비할 수 있는 기간을 가질 수 있도록 여유 있게 제출기간을 정하여야 합니다.

증인 · 감정인과 증거방법 또는 석명을 위한 당사자본인 · 법정대리인 · 대표자

· 관리인에 대한 신문기일 출석요구서는 출석할 날보다 2일 전에 송달되어야 합니다. 또한 증인신문사항을 미리 제출받아 증인신문기일 전에 상대방에게 송달하여야 하며, 법원이 당사자에게 증인진술서 제출을 명한 경우에는 그 증인진술서 사본을 증인신문기일 전에 상대방에게 송달하여야 합니다.

판결의 정본은 법원사무관 등이 그 판결서를 받은 날부터 2주(14일) 이내에 당사자에게 송달하여야 하며, 지급명령이 확정된 경우 확정된 지급명령의 정본도 지급명령이 확정된 날로부터 2주일(14일) 이내에 채권자에게 송달하여야 합니다.

화해조서(제소전화해조서도 포함합니다) 또는 포기 · 인낙조서의 경우 당사자의 신청 유무와 관계없이 직권으로 화해 또는 청구의 포기 · 인낙이 있는 날부터 1주(7일) 안에 그 조서의 정본을 당사자에게 송달하여야 합니다.

11. 송달의 실시기관

송달은 우편 또는 집행관에 의하거나 그 밖에 대법원의 규칙이 정하는 방법에 따라서 하여야 하며, 원칙적인 송달실시기관으로는 우체국 집배원과 집행관입니다. 그 밖에 예외적으로 대법원규칙이 정하는 바에 따라 변호사가 송달실시기관이 되는 경우가 있고, 법원사무관 등이나 법원의 경위가 송달실시기관이 되는 경우도 있습니다.

송달실시기관은 법정되어 있기 때문에 그 밖의 기관은 송달사무를 실시할 수 없습니다.

12. 우편집배원 송달

실무에서는 거의 대부분의 송달은 우체국을 통한 우편에 의하고 있습니다.

우편의 경우에 우편집배원은 송달실시기관으로서 전국 어느 곳이든 고부송달의 원칙에 따라 송달을 실시할 수 있습니다.

이와 같은 '**우편에 의한 송달**' 은 우편집배원이 송달실시기관이 되어 소송서류나 소장 또는 지급명령을 송달하는 것입니다.

13. 집행관 송달

집행관은 법이 정하는 원칙적인 송달실시기관 중의 하나로서 다른 법령에 정하여져 있는 경우를 제외하고는 임명받은 지방법원 또는 지원의 관할구역 내에서만 그 직무를 행사할 수 있으므로 관할구역 외에서 집행관송달이 필요한 경우는 송달장소를 관할하는 법원 소속 집행관에게 촉탁하여야 합니다.

우편집배원의 송달에 비하여 '**집행관송달**'은 첫째, 관할구역 내인 경우에 훨씬 신속·정확한 송달을 기대할 수 있으며, 둘째, 공휴일 또는 해뜨기 전이나 해진 뒤에도 송달을 실시할 수 있고 셋째, 특히 송달의 일시를 지정하여 송달을 실시할 필요가 있는 경우에 매우 효율적인 장점이 있습니다.

14. 공휴일 등의 송달

당사자의 신청이 있는 때에 공휴일 또는 해뜨기 전이나 해진 뒤에 집행관 또는 대법원규칙이 정하는 사람에 의하여 송달할 수 있습니다. 이 경우에는 법원사무관이나 지급명령의 경우 지방법원이나 지원의 사법보좌관이 송달할 서류에 그 사유를 덧붙여 적어야 합니다.

한편 공휴일이나 야간에 하는 송달의 실시기관은 대법원규칙이 따로 정한 바가 없으므로 집행관과 법원경위만이 이를 실시할 수 있습니다.

15. 특별송달절차

가. 집행관 송달의 절차

집행관에 의해 송달하는 경우에는 법원사무관이나 지급명령의 경우 지방법원이나 지원의 사법보좌관은 당사자로부터 송달수수료 등의 비용(집행관수수료규칙 제25조 제1항)을 예납 받아야 합니다. 집행관이 송달을 실시하였으나 수취인부재 또는 폐문부재로 송달불능 된 경우에는 접수한 날부터 7일 이내에서 총 3회까지 송달을 실시하여야 합니다.

집행관이 송달을 실시하였으나 송달불능이 된 때에는 이웃사람, 공동주택의 관리인 또는 경비원 등에게 송달받을 사람의 거주 여부 등을 확인한 내용과 건물의 외관상 나타나는 특이사항(가스 · 전기 등의 사용 상황, 우편물의 수취 상황 등 포함합니다) 등을 '송달현장상황탐지 등 결과통지서' 해당란에 구체적으로 적어서 전자통신매체를 이용하여 법원에 제출하여야 합니다. '송달현장상황탐지 등 결과통지서' 에는 현장상황의 설명을 위하여 건물의 외부 사진 · 도면 등의 자료를 붙여야 합니다.

소속 집행관은 송달이 불능 된 때에는 송달 물을 해당 법원으로 반송하여야 합니다. 다만 민사소송 등에서의 전자문서 이용 등에 관한 법률 제12조 제1항의 규정에 따른 송달의 경우에는 전자문서를 다시 출력하여 송달하면 되므로 반송할 필요가 없습니다.

나. 법원경위의 송달

법원은 송달에 대하여 소속 집행관을 사용하기 어려운 사정이 있다고 인정하는 때에는 법원경위로 하여금 소송서류나 소장 또는 지급명령정본을 송달하게 할 수 있습니다. 집행관을 대신하는 송달실시기관이므로 집행관 송달의 필요가 있는 경우에 준하여 송달실시를 지시할 수 있습니다.

16. 법인 등에 대한 송달

소송법상 법정대리와 법정대리인에 관한 규정은 법인의 대표자에 준용되므로 법인에 대한 송달은 그 대표자가 송달받을 사람이 됩니다. 민법상 사단법인이나 재단법인의 대표자는 이사, 임시이사 또는 청산인이 있고, 특별한 경우에는 특별대리인이 있습니다. 상법상 회사에 있어서는 합명회사의 업무집행사원, 합자회사의 무한책임사원, 주식회사의 대표이사, 유한회사의 경우 이사나 대표이사가 회사를 대표합니다.

이들의 대표자는 등기에 의하여 공시되므로 법인등기사항전부증명서 등에 의해 대표자를 확인하여 송달받을 사람을 결정해야 합니다. 이들 대표자가 여러 사람이 있는 경우 그것이 각자 대표의 경우건 공동대표의 경우이건 불문하고 그 가운데 한 사람에게만 송달하면 충분하고 설령 당사자가 공동대표로 한다는 특약을 하더라도 효력이 있습니다.

17. 법인에 송달할 때 주의사항

법인에게 소송서류나 소장 또는 지급명령정본을 송달을 할 때에는 특히 다음과 같은 사항을 주의하여야 합니다.

첫째, 법인에 대한 송달은 송달받을 사람이 법인의 대표자이므로 대표자의 주소지로 송달하는 것이 원칙입니다. 그러나 법인의 주소지(본점 소재지)도 적법한 송달장소이므로 당사자가 특별히 송달할 장소를 대표자의 주소지로 표시하지 않은 경우에 송달의 가능성, 송달 받을 사람의 편의 등을 고려하여 법인등기사항전부증명서 등에 나타난 법인의 주소지(본점 소재지)로 송달을 실시할 있습니다.

둘째, 위 첫째항 단서에 따라 법인의 주소지(본점 소재지)로 먼저 송달을 실시하였다가 송달불능 된 경우(법인의 주소지로 송달되다가 도중에 송달불능 된 경우 포함합니다)에는 법인등기사항전부증명서 등에 나타난 법인 대표자의 주소지로 송달을 실시하여야 합니다.

셋째, 법인이 송달장소를 신고하여 그 곳으로 송달이 실시되어 오다가 송달불능 된 경우에는 바로 발송송달을 실시하여서는 안 되고 법인등기사항전부증명서 등에 나타난 법인 대표자의 주소지 및 법인의 주소지로 송달을 실시하여 보아야 합니다.

나아가 실무상 은행 등 금융기관이 소관지점과 소재지를 주소지로 기재하는 예가 많이 있는데 이 경우에는 소관지점을 '**송달받을 장소**' 신고한 것으로 볼 수 있으므로 그 법인에 대한 송달은 특별한 사정이 없는 한 소관지점을 송달장소로 하여 실시하여야만 할 것입니다.

법인의 경우 사실상 해산된 상태에 있거나 기타의 이유로 영업소·사무소가 폐쇄되거나 다른 곳으로 이전해 버렸을 뿐 아니라 대표자의 주소·거소·근무장소 등 어느 것도 알 수 없는 경우에 공시송달의 요건이 충족되므로 공시송달을 신청하여 송달하여야 합니다.

다만 법인의 대표자가 사망하였고 달리 법인을 대표할 사람이 정하여지지도 아니하여 법인에 대해 송달 자체를 할 수 없는 경우에는 공시송달의 여지가 없으므로 이 경우 특별대리인 선임신청을 권고하여 선임된 특별대리인에게 송달을 하여야만 합니다.

원고가 해산간주, 해산, 청산종결 된 법인의 법인등기사항전부증명서를 제출할 때에 감사만 기재된 법인등기사항전부증명서를 제출하는 경우 해산간주, 해산, 청산종결당시의 법인등기사항전부증명서(말소사항 포함합니다)를 제출하도록 보정하여 해산간주, 해산, 청산종결로 말소된 당시의 대표이사 즉 대표청산인이 누구인지 확인한 후에 송달을 하여야 합니다.

18. 법인 아닌 사단 · 재단 송달

법인 아닌 사단법인이나 재단법인으로서 그 대표자 또는 관리인이 있으면 그 이름으로 당사자가 될 수 있으므로 그에 대한 송달은 대표자 또는 관리인을 송달받을 사람으로 정하여 송달하여야 합니다.

19. 국가 및 행정청 송달

국가를 당사자 또는 참가인으로 하는 소송에 있어서는 법무부장관이 국가를 대표합니다. 그러나 국가를 당사자로 하는 소송에 있어서 국가에 대한 송달은 수수법원에 대응하는 검찰청(수사법원이 지방법원의 지원인 경우에는 지방검찰청)의 검사장에게 송달하여야 하고 다만 고등검찰청 소재지의 지방법원이나 산하 지원에 소가 제기된 경우에는 그 소제지 고등검찰청의 검사장에게 송달하여야 합니다.

20. 지방자치단체 및 공법인 송달

특별시 · 광역시 · 특별자치도 시 · 군 자치구가 당사자로 되는 때에는 대표자인 시장 · 도지사 · 시장 · 군수 · 구청장을 송달받을 사람으로 하여야 합니다.

지방자치단체인 특별시 · 광역시 · 도의 교육 · 학예에 관한 사무는 교육감이

관장하고 그의 소관사무로 인한 소송에 대하여 당해 지방자치단체를 대표하도록 되어 있으므로, 이 경우에 교육감이 송달받을 사람이 됩니다.

특별법에 의하여 설립된 기타의 공법인은 설립을 규제하는 법률에 각각 대표자가 정해져 있으며 등기에 의하여 등기사항전부증명서에 공시되므로, 송달에 있어서 법령과 법인등기사항전부증명서를 확인하여 적법한 대표자에게 송달하여야 합니다.

21. 송달장소

송달은 송달받을 사람의 주소 · 거소 · 영업소 또는 사무소에서 합니다.

여기서 말하는 '**영업소 또는 사무소**' 는 어느 정도 독립하여 업무의 전부 또는 일부가 총괄적으로 경영되는 장소이면 족하고 한시적 기간에만 설치가 되거나 운영되는 곳이라 하더라도 그곳에서 이루어지는 영업이나 사무의 내용, 기간 등에 비추어 볼 때 어느 정도 반복해서 송달이 이루어질 것이라고 객관적으로 기재할 수 있는 곳이라면 영업소 또는 사무소에 해당하여 송달장소로 할 수 있습니다.

위와 같은 주소 등을 알지 못하거나 그 장소에서 송달할 수 없는 때에는 송달받을 사람이 고용 · 위임 그 밖에 법률상 행위로 취업하고 있는 다른 사람의 주소 등, 즉 '근무 장소' 에 송달할 수 있습니다.

한편 법정대리인에 대한 송달은 본인의 영업소나 사무소에서도 송달할 수 있습니다. 송달받을 사람에게 송달할 장소가 여러 곳 있을 수가 있는데 우선은 당사자가 소송서류나 소장 또는 지급명령신청에 표시한 장소로 송달할 것입니다. 기록상 송달할 수 있는 장소가 여러 곳 있는 경우에는 송달될 가능성이 많고 송달받을 사람에게 편리한 곳을 선택하여야 하는바, 그 송달장소의 선택은 송달사무처리자인 법원사무관이나 지급명령신청의 경우에 지방법원이나 지원의 사법보좌관의 재량에 속합니다.

22. 법인에 대한 송달장소

법인이 당사자인 경우에는 송달받을 사람은 그 대표이사입니다.

그 송달도 대표자의 주소 · 거소 · 영업소 · 사무소에서 하는 것이 원칙입니다. 한편 법인에 대한 송달장소로서의 '영업소 · 사무소' 는 송달받을 사람, 이를테면 대표자 자신이 경영하는 당해 법인의 영업소 또는 사무소를 의미하는 것입니다.

송달받을 사람의 주소나 영업소 등을 알지 못하거나 그 장소에서 송달할 수 없는 때에 송달받을 사람이 고용 · 위임 그 밖에 법률상 행위로 취업하고 있는 다른 사람의 주소 등 '근무 장소' 를 특정하여 송달할 수 있습니다.

근무 장소에서의 송달은 송달받을 사람의 주소 등의 장소를 알지 못한다거나 그 장소에서 송달할 수 없는 때에 한하여 할 수 있으므로 송달받을 사람의 주소 · 거소 · 영업소 · 사무소가 있는 경우에 먼저 그 주소 등의 장소에 송달하여 보아야 하고 그 주소 등의 장소에서는 송달이 불가능하거나 또는 주소 등의 송달장소를 알 수 없을 경우에 한하여 바로 보충적으로 근무 장소에서 송달할 수 있게 됨을 즈의해야 합니다.

따라서 소송서류나 소장 또는 지급명령신청서에 기재된 주소 등의 장소에 대한 송달을 시도하지 않은 채 먼저 근무 장소로 한 송달은 위법하다고 하는 대법원 판례 2004. 7. 21.자 2004마535 가 있습니다.

제2절 송달방법

송달은 송달장소에서 송달서류를 송달받을 사람에게 교부하는 교부송달을 원칙으로 합니다. 송달방법은 원칙적 교부송달 방법의 변형으로서 조우송달 · 보충송달 · 유치송달의 방법이 있고, 교부송달의 원칙에 대한 예외로서 등기우편에 의한 발송송달과 전화 등에 의한 간이송달 및 공시송달의 방법이 있습니다.

1. 교부송달

교부송달은 우편집배원 · 집행관 · 법원경위를 송달실시기관으로 하는 경우가 가장 보편적으로 행하여지는 전형적인 송달방법입니다. 법원수사무관 등이 해당 사건에 관하여 출석한 사람에게 직접 송달하는 경우도 교부송달에 해당하며, 이러한 경우 법원 안에서 송달받을 사람에게 서류를 교부하고 영수증을 받은 때에는 송달의 효력이 있습니다.

특히 송달에 의하여 송달받을 사람이 서류의 내용을 알아야 법률상 효력이 발생하는 경우에는 반드시 교부송달의 방법으로 송달되어 서류의 내용이 현실적으로 통지된 경우에만 효력이 발생하게 됩니다.

이를테면 경매절차의 이해관계인인 주 채무자에게 경매개시결정에 의하여 담보채권에 대한 소멸시효 중단의 효과가 발생하려면 경매개시결정이 주 채무자에게 송달되어 하는데 이 경우 송달은 반드시 주 채무자 본인에게 교부송달의 방법으로 하여야 하며 우편에 의한 발송송달이나 공시송달의 방법으로 송달됨으로써 주 채무자가 압류사실 없었던 경우에는 소멸시효 중단의 효과가 발생하지 아니 합니다(대법원 1994. 11. 25. 선고 94 26097 관결).

2. 조우송달

조우송달은 송달실시기관이 송달받을 사람의 송달장소 이외의 곳에서 송달받을 사람을 만난 때에 송달서류를 교부하여 행하는 송달을 의미합니다.

한편 조우송달은 어떠한 경우든 송달받을 사람본인을 만난 때에 하는 송달방법이기 때문에, 송달받을 사람 본인 이외의 보충송달을 받을 수 있는 동거인 수령대행인에 대한 조우송달은 불가능합니다. 조우송달을 할 수 있는 경우로는 크게 다음과 같이 두 가지로 나누어 볼 수 있습니다.

첫째로 송달받을 사람의 주소 · 거소 · 영업소 · 사무소 또는 근무 장소가 국내에 없거나 없는 때입니다. 송달장소가 국내에 없거나 송달장소를 전혀 알 수 없어서 교부송달의 가능성이 전혀 없는 때에는 외국에서 하는 송달이나 공시송달을 할 수밖에 없겠으나 친척 또는 친지 등의 주거가 알려져 있어 그곳에서 송달받을 사람을 만날 가능성이 있으면 그곳으로 송달을 시도하여 조우송달을 실시할 있습니다. 이 경우에는 장소에서 송달받을 사람을 만났으나 스령을 거부하면, 만난 장소가 법정 송달장소가 아니더라도 항상 유치송달이 가능합니다.

둘째로 송달받을 사람의 주소·거소·영업소·사무소 또는 근무장소가 알려져 있는 경우에는, 그러한 송달장소가 아닌 곳에서 송달받을 사람을 만났을 때 송달받을 사람이 송달받기를 거부하지 아니하면 그 장소에서 조우송달을 실시할 있습니다. 예컨대 송달받을 사람이 당해 사건 이외의 일로 법원에 출석한 기회에 법원사무관 등이 송달서류를 교부하고 영수증을 받거나 우체국 직원이 수취인부재로 반송되어 있는 송달서류를 우체국창구로 찾아온 송달받을 사람에게 교부하는 경우(이를 우체국 창구송달이라고 합니다)가 이에 해당합니다.

다만 이러한 조우송달은 반드시 송달받을 사람본인(또는 경우에 따라 변호사사무원 등 종사자)에게 교부해야지 그 밖의 동거인 수령대행인에게는 실시할 없음을 주하여야 합니다. 나아가 위와 같은 조우송달은 송달받을 사람본인이 임의로 수령하는 경우에만 가능하고 만일 그가 송달받기를 거부하는 경우에는 조우송달을 할 수 없고 유치송달도 허용될 수 없습니다.

3. 보충송달

근무 장소 이외의 송달할 그 장소에서 송달받을 사람을 만나지 못한 때에는 그 사무원·피용자 또는 동거인으로서 사리를 분별할 지능이 있는 사람에게 서류를 교부할 수 있습니다. 또한 근무 장소에서 송달받을 사람을 만나지 못한 때에는 그를 고용하고 있는 사람 또는 그 법정대리인이나 피용자 그 밖의 종업원으로서 사리를 분별할 지능이 있는 사람이 소송서류의 수령을 거부하지 아니하면 그에게 서류를 교부할 수 있습니다. 이를 '보충송달' 이라고 합니다.

보충송달을 받을 수 있는 사람, 즉 주소·영업소 등의 사무원·피용자·동거인 또는 근무 장소의 고용주·고용주의 법정대리인·피용자·종업원(직장동료 근무자) 등을 수령대행인이라고 합니다. 송달받을 사람 본인을 만나지 못한 이상 장기부재 등이 아닌 한 그 시유는 불문하므로, 외출·여행과 같은 현실적인 부재이거나 또는 질병·집무중 등으로 면회를 거절당한 경우에도 보충송달을 할 수 있습니다.

4. 근무 장소 이외의 보충송달

수령대행인이 될 수 있는 사무원·피용자는 반드시 고용관계가 있어야 하는 것은 아니고, 평소 본인을 위하여 사무, 사업의 보조, 가사를 계속 돕는 사람을 의미합니다. 이를테면 합동법률사무소의 사무원은 소속 변호사 전원을 위한 사무원이라 할 수 있습니다.

운전기사·가정부 등의 가사사용인 역시 피용자의 범주에 넣을 수 있습니다.

한편 사무원이나 피용자는 송달장소에 거주할 필요도 없고, 늘 그곳에 있으면서 사무를 처리하거나 근무할 필요 없으며, 일시적으로만 송달장소에 머무르는 경우에도 송달받을 수가 있습니다.

그러나 고용관계가 없는 사람, 말하자면 송달받을 사람이 거주하고 있는 아파트나 빌리 등의 경비원이나 그의 사무실이 입주하여 있는 빌딩의 관리인이나 수위에게는 보충송달을 할 수가 없습니다.

5. 동거인의 송달

동거인은 송달받을 사람 본인과 같은 한 세대에 속하여 생계를 같이 하는 사람을 말합니다. 동거인은 반드시 법률상 친족관계가 있거나 주민등록상 동일 세대에 속할 필요는 없습니다.

동거관계가 장기적이 아니라 일시적이어도 상관은 없습니다.

따라서 이혼한 처라도 사정에 의하여 사실상 동일 세대에 소속되어 생활을 같이 하고 있다면 수령대행인으로서의 동거인이 될 수 있으므로 보충송달을 할 수가 있습니다.

6. 유치송달

유치송달은 송달받을 당사자 본인이나 송달영수인, 그 사람들의 주소 · 영업소 등에서 보충송달을 받을 수 있는 수령대행인이 정당한 사유 없이 송달받기를 거부하는 때에 송달할 장소에 서류를 놓아두어 송달의 효력을 발생시킬 수 있는데 이를 가리켜 **'유치송달'** 이라고 합니다.

다만 유치송달은 송달받을 사람에게 수령의무가 있음을 전제로 하여 그 위반에 대한 일종의 불이익처분이므로 그러한 의무가 존재하지 않는 근무 장소의 수령대행인(고용주나 직장동료 등)이 서류의 수령을 거부하는 경우에는 보충송달도 허용되지 않으므로 유치송달을 실시할 수는 없습니다.

따라서 송달받을 사람의 직장에서 본인이 소속된 과의 과장에게 유치송달을 한 것은 무효입니다(대법원 1967. 11. 8.자 67마49 결정). 한편 송달받을 사람본인에 대한 송달은 반드시 그 사람의 주소 · 거소 · 영업소 · 사무소뿐 아니라 근무 장소에서도 유치송달을 있습니다.

그러나 밖의 만나는 장소에서 하는 송달은 송달받을 사람본인이 임의로 수령하는 경우에만 가능하고 만일 그가 송달받기를 거부하는 경우에 조우송글은 물론 유치송달도 허용될 수 없습니다. 다만 예외적으로 송달받을 사람본인의 주소 또는근무 장소가 국내에 없거나 없는 때에는 외적으로 위와 같은 장소에서도 유치송달을 할 수가 있습니다.

7. 등기우편에 의한 발송송달

보충송달이나 유치송달의 방법으로도 송달할 수가 없는 때와 당사자 · 법정대리인 또는 소송대리인이 송달받을 장소를 바꾸고도 법원에 신고하지 아니하여 달리 송달할 장소를 알 수 없는 때는 법원사무관 등은 서류를 등기우편 등 대법원규칙이 정하는 방법으로 발송할 수 있습니다.

이러한 경우 서류를 발송한 때에 송달된 것으로 봅니다.

한편 발송송달은 그 효력이 매우 강한 것인 만큼 송달이 매우 곤란할 때에만 제한적 · 보충적으로 허용되는 하나의 송달방법입니다.

8. 공시송달

공시송달은 당사자의 주소 등 또는 근무 장소를 알 수 없는 경우 또는 외국에서 하여야 할 송달에 관하여 민사소송법 제191조의 규정에 따를 수 없거나 이에 따라도 효력이 없을 것으로 인정되는 경우에 직권 또는 당사자의 신청에 따라 법원사무관 등이 실시하는 송달을 말합니다.

통상의 소송절차에서는 공시송달의 요건이 갖추어지면 공시송달을 신청할 수 있지만 간이소송절차인 독촉절차 지급명령신청에서는 공시송달이 허용되지 않습니다.

재판장은 민사소송법 제194조 제1항의 경우에 소송의 지연을 피하기 위하여 필요하다고 인정하는 때는 공시송달을 명할 수가 있고 직권으로 또는 당사자의 신청에 따라 법원사무관 등의 공시송달처분을 취소할 수 있습니다. 공시송달은 교부송달의 원칙에 대한 예외이고 송달이 불가능한 경우 송달 시행을 의도하는 당사자의 권리를 보호하고 절차의 원활한 진행을 기하기 위하여 인정되는 것이기 때문에 다른 송달방법이 불가능한 경우에 한하여 인정되는 보충적이고 최후적인 송달방법입니다.

가. 공소송달이 가능한 경우

공시송달은 본안소송절차뿐만 아니라 강제집행절차에도 적용됩니다.

회생절차 파산절차 · 재인회생절차에도 적용되나 공고로써 송달에 갈음하는 경우가 많기 때문에 실제상 공시송달의 필요는 적습니다. 민법에서도 표의자가 상대방을 알 수 없거나 소재를 알 수 없는 때에는 그 사람에 대한 의사표시는 공시송달의 방법에 의하도록 규정하고 있습니다.

나. 공시송달의 요건

송달장소를 알 수 없는지 여부는 일반적인 통상의 조사를 다하였으나 법정의 송달장소 중 어느 한 곳도 알 수 없는 정도의 객관성을 기준으로 판단합니다.

이를테면 당사자의 주소 · 거소 · 사무소 또는 영업소와 근무 장소를 알 수가 없는 경우여야 공시송달을 신청할 수 있습니다. 소장의 당사자 표시란 이외에도 청구원인의 기재 내용 등에 근무 장소가 나타나 있는 경우에는 먼저 그 근무 장소에 송달을 실시하여 보아야 할 것이지 곧바로 공시송달을 하여서는 안 됩니다.

또한 당사자의 주소 등을 알지 못하더라도 부동산에 관한 소송에 있어서는 등기사항전부증명서상 주소지에, 어음금 또는 대여금 청구소송에 있어서 어음 또는 차용증서상의 주소지에 일단 송달을 시도해 보아야 할 것입니다.

당사자가 법인인 경우에는 송달받을 사람이 당해 법인의 대표자이므로 당해 법인의 대표자의 주소 등 또는 근무 장소를 알 수가 있는지 그 기준이 됩니다.

따라서 이 경우에 사실상 해산된 상태에 있다거나 기타의 이유로 영업소 · 사무소가 폐쇄되거나 이전해 버렸을 뿐만 아니라 그 대표자의 주소 · 거소 · 근무 장소 등 어느 것도 알 수 없는 경우에 공시송달의 요건이 충족됩니다. 이렇기 때문에 실무에서는 법인에 대한 공시송달을 신청하는 경우 소명 자료로서 당해 법인 대표자의 주민등록 등 · 초본을 제출받고 있습니다.

송달장소가 명확하지 않더라도 조우송달이 가능할 때는 먼저 이를 시도하여 보아야 할 것이므로 곧바로 공시송달을 신청하는 것은 허용하지 않습니다. 이를테면 송달받을 사람이 자주 나타나는 특정의 장소를 아는 때에는 우선 그곳으로 통상의 송달을 시도해 보고 송달이 되지 않을 때 공시송달을 신청하여야 합니다.

한편 송달할 장소를 알 수 없는 경우이어야 하므로 송달장소는 알고 있으나 단순히 폐문부재이거나 장기출타로 인한 수취인부재로 송달되지 못하는 경우에는 공시송달을 할 수가 있는 요건에 해당되지 않습니다.

이를테면 당사자의 사무소와 현재지가 기록상 명백한 경우에는 비록 우편집배원이 2회에 걸쳐 그의 주소지에 우편물을 가지고 갔었으나 그 때마다 수취인이 부재하였다는 사유만으로는 주거가 없는 때에 해당한다고 단정하기 어렵습니다.

그러나 송달받을 사람이 주소나 거소를 떠나 더 이상 송달장소로 인정할 없게 되었다는 사정이 있는 경우에 송달할 장소를 없는 경우에 해당된다고 볼 수 있을 것입니다. 실무상 공시송달은 통상의 송달을 행한 후 송달이 불능 된 경우에 행하는 것이 보통이지만, 공시송달의 요건에 대하여 소명이 있는 한 반드시 송달이 불능 된 일이 있음을 요하는 것은 아니며, 송달이 불능 된 경우라 하더라도 그것만으로 곧바로 공시송달을 실시할 수 있는 것도 나님을 주의 하여야 합니다.

또한 송달받을 사람의 실제 주소를 알고 있음에도 허위의 주소를 기재하여 송달불능이 되도록 만들고 공시송달에 의한 소송 진행을 통하여 승소판결을 얻어내는 이른바 판결편취 사례가 실무상 적지 아니하므로 공시송달을 행함에 있어서는진실한 주소를 확인하는 신중을 기할 필요가 있습니다.

다. 공시송달의 절차

법원사무관 등은 독자적인 판단으로 직권이나 당사자의 신청에 따라 공시송달을 할 수 있습니다. 그러나 재판장은 직권으로 또는 신청에 따라 법원사무관 등의 공시송달처분을 취소할 수가 있습니다.

당사자가 공시송달을 신청할 때에는 요건이 되는 사유를 소명하여야 하며, 공시송달여부를 결정할 때에는 공시송달의 요건이 갖추어진 여러 가지 자료를 구비 · 제출하여야 합니다. 법원사무관 등은 이를 검토하여 소명자료가 부족하다고 판단되면 재판장에게 보고하여 조사 · 촉탁하는 등 신중을 기하여야 합니다.

라. 공시송달 신청시기와 방법

공시송달의 신청에 대해서는 법원사무관 등에게 합니다.

공시송달의 신청은 소장의 제출 시부터 소송종료 후 판결 송달 시까지 사이에 언제든지 가능합니다. 그러나 지급명령신청에서는 공시송달이 허용되지 않으므로 채권자가 주소보정명령을 받고 채무자의 주민등록초본을 발급받아 보고 공시송달의 요건이 갖추어진 경우 소 제기를 신청하고 본안법원에서 공시송달을 신청하여야 합니다.

집행권원이 되는 공정증서의 송달에 관하여 공시송달의 요건에 해당하면 채권자는 공증인 직무상 주소를 관할하는 지방법원에 공정증서의 공시송달을 신청할 수가 있습니다. 신청의 방식은 서면 또는 말로 할 수 있고 공시송달신청서에는 인지를 붙일 필요가 없으며 공시송달신청이 있으면 법원사무관 등은 전산시스템에 문건으로 입력하고 소송기록에 가철하여야 합니다.

마. 공시송달 사유의 소명

공시송달의 신청에는 그 사유를 소명하여야 합니다.

공시송달신청의 소명자료로서는 송달받을 사람의 최후 주소지를 확인할 수 있는 자료와 신청인이 송달받을 사람의, 주거 발견에 상당한 노력을 한 사실 및 그럼에도 불구하고 이를 찾아낼 수가 없었던 사실에 관하여 신빙할 만한 자료를 제출하고 소명하여야 합니다.

원고가 공시송달을 신청한 때에는 법원사무관 등은 공시송달 요건에 해당하는지 여부를 1차적으로 검토한 후 소명이 부족한 경우에는 원고에게 소명자료 등을 제출하도록 보정을 권고를 합니다. 이 경우 집행관이나 법원경위가 실시한 특별송달통지서에 송달불능사유가 구체적으로 적혀져 있는 때에는 이것을 바로 공시송달의 신청서에 첨부하고 소명자료로 활용할 수 있습니다.

바. 소명이 충분한 경우의 조치

공시송달신청의 소명이 불충분한 경우 법원사무관 등은 신청인에게 소명자료의 보완을 촉구하여야 하는데 그럼에도 보완하지 않는 경우에는 무작정 소송을 지연시킬 수 없는 것이므로 재판장에게 고하여 직권에 의해 조사촉탁 등을 필요가 있을 수 있습니다.

한편 소송비용 부담과의 관계상 가급적이면 신청인에게 조사촉탁 신청을 하게 함이 바람직합니다.

조사는 송달받을 사람의 등록기준지 시장·구청장 또는 면장에게 등록기준지 통보접수 처리부상에 기재된 주민등록상황을 조회하거나 송달받을 사람의 원주소 또는 전출 지를 관할하는 경찰서에 소재수사를 촉탁하는 방법 등이 있습니다.

소명자료로 제출된 주민등록표 등. 초본을 통하여 송달받을 사람이 국외이주신고를 한 사실을 알았을 경우에는 외교통상부에 사실조회를 통해 재외국민등록법에 따른 재외국민등록 유무 등을 조회하여 국외의 송달장소를 알아낼 수 있는 조치를 취하여야 합니다.

조회결과에 따라 송달장소가 판명되고 외국으로 송달이 가능한 경우라면 공시송달불허처분을 하고 외국으로 송달을 실시하여야합니다. 내국에 체류하는 외국인인 경우에는 법무부 출입국관리사무소에 외국인등록유무를 조회할 펼요가 있습니다.

조회결과에 따라 송달장소가 판명되면 '공시송달불허처분' 을 합니다.

사. 재판장의 공시송달명령

재판장은 공시송달의 요건이 갖추어져 있고 소송의 지연을 피하기 위하여 필요하다고 인정하는 때에는 직권으로 공시송달을 명할 있습니다. 법원사무관 등은 공시송달 요건이 갖추어져 있는지 득자적으로 판단하기 곤란한 경우에 재판장과 협의하여 재판장의 공시송달명령 방식으로 업무를 처리한다면 신속한 절차진행을 도모함과 동시에 공시송달의 효력을 둘러싼 후속분

쟁을 방지할 있을 것입니다.

한편 재판장의 공시송달명령에 대한 효력은 취소가 없는 당해 심급에 있어서 지속되는 것이므로 심급에 관한 어떠한 송달서류이든 계속하여 공시송달방법에 의하여 송달할 있고 명령 이후의 공시송달은 법원사무관 등이 직권으로 행하게 됩니다.

재판장의 공시송달명령에 대하여는 요건에 흠결이 있다하더라도 불복할 없고 소명자료로 위조된 확인서 등이 첨부되었다 하더라도 그것만으로는 독립하여 재심사유가되지 않습니다(대법원 1992. 1 9. 선고 92 12 1 판결 참조).

아. 공시송달의 효력발생시기

최초의 공시송달은 대법원규칙으로 정한 세 가지 방법 중 하나르 실시한 날부터 2주(14일)가 지나야만 송달의 효력이 생기고 외국에서 할 송달에 대한 공시송달의 경우에는 2월이 지나야만 효력이 생깁니다.

기간의 계산은 민법의 규정에 따르게 되므로 초일은 산입하지 않습니다.

그리고 말일이 토요일 또는 공휴일에 해당한 때에는 다음날에 만료합니다.

만일 공시송달의 효력이 발생되기 전에 본인이 찾아와 송달서류를 교부받으면 이는 해당 사건에 관하여 출석한 사람에게 직접 송달한 것으로 되어 영수증을 받은 때에 송달의 효력이 발생하게 됩니다. 이미 공시송달의 효력이 발생한 뒤에는 당사자에게 서류를 교부하였다 하더라도 이는 사실행위임에 불과하여 이미 발생한 송달의 효력을 좌우할 수는 없습니다.

따라서 이 경우 항소기간 등 불변기간도 공시송달의 효력이 발생한 날부터 진행되는 것이고 영수증에 기재된 수령일자로부터 기산하는 것이 아님을 유의하여야 합니다.

같은 당사자에 대하여 뒤의 공시송달은 실시한 다음날부터 바로 효력이 생깁니다. 여기서 다음날이란 공시송달을 실시한 다음날의 오전 영시를 말하므로 판결송달을 2회 이후의 공시송달로 경우에 게시한 다음날부터 즉시 상소기간이 진행합니다.

따라서 효력발생에 필요한기간은 늘일 수는 있어도 줄일 수는 없습니다.

최신서식

제2장 송달신청서 최신서식

(1) 조우송달신청서 – 소송서류가 송달되지 않아 다른 재판에 증인으로 출석하는
    피고에게 송달하기 위해 신청하는 조우송달신청서

조 우 송 달 신 청 서

사건번호 : ○○○○가단 ○○○○호 손해배상(기)

원고 : ○○○

피고 : ○○○

○○○○ 년 ○○ 월 ○○ 일

위 원고 : ○○○ (인)

청주지방법원 민사○단독 귀중

조 우 송 달 신 청 서

사건번호 : ○○○○가단 ○○○○호 손해배상(기)

원고 : ○○○

피고 : ○○○

위 당사자 간 귀원 ○○○○가단○○○○호 손해배상(기) 청구사건에 관하여 원고는 아래의 사유로 피고에 대한 민사소송법 제183조(송달장소)제4항에 따른 조우송달 을 신청합니다.

- 아 래 -

피고 : ○○○(주민등록번호 :   )

　　주소 : 충청북도 청주시 ○○구 ○○로 ○○, ○○마을 ○○○동 ○○○호

　　현재 : 소재불명(주민등록만 주소지에 등재해놓고 다른 곳에서 거주하 고 있으므로 송달할 장소를 알지 못합니다)

1. 위 피고의 주민등록상 주소지는 위 주소지와 같으나 귀원에서 발송하는 소 송서류가 송달되지 않아 원고는 ○○○○. ○○. ○○. 주소보정명령을 받아 피고의 주민등록초본을 발급받아 보았으나 피고는 위 주소지에 그대로 거주 하고 있는 것으로 확인되어 원고는 ○○○○. ○○. ○○.위 주소지로 재 송 달을 신청하였으나 송달불능 되어 원고는 다시 ○○○○. ○○. ○○. 소속 집행관에 의한 특별송달신청을 하였으나 송달이 되지 않았는데 소속 집행관 의 송달 불능이유에 의하면 피고가 주민등록만 등재해놓고 실제로는 위 주 소지에 거주하지 않는 것으로 밝혀졌으므로 원고는 피고의 송달장소를 알 수 없어 공시송달을 신청할 수 있는 요건이 갖추어졌으나 먼저 아래와 같이 조우송달을 실시한 후에 그래도 송달이 되지 않을 경우 공시송달을 신청할 것이므로 일단 공시송달은 유보합니다.

2. 한편 피고는 원고에게 소외 ○○○을 소개하였고 소외 ○○○과 사이가 틀어져 법원에서 소송서류가 피고에게 도착되면 송달을 받겠다고 하고 있고, 원고가 소외 ○○○을 피고로 하여 청구한 청주지방법원 ○○○○가단○○○○호 공사대금 청구사건에 피고 측 증인으로 피고가 증인으로 채택되어 ○○○○. ○○. ○○. 14:20분 제○○○호 법정에 출석하여 증언을 하기로 되어 있으므로 귀원 소속 법정경위 또는 집행관으로 하여금 ○○○○. ○○. ○○. 14:20분 청주지방법원 제○○○호 법정에서 재판장이 증인으로 출석한 피고 ○○○을 호명하고 증언대에 출석하는 증인을 송달받을 사람의 얼굴을 알 수 있으므로 피고 ○○○이 증언을 마치고 나올 때 그 법정에서 피고에게 소송서류를 송달해 주시기 바랍니다.

3. 민사소송법 제183조(송달장소) 제1항 송달은 받을 사람의 주소·거소·영업소 또는 사무소(이하 "주소 등" 이라 한다)에서 한다. 다만, 법정대리인에게 할 송달은 본인의 영업소나 사무소에서도 할 수 있다. 제2항 제1항의 장소를 알지 못하거나 그 장소에서 송달할 수 없는 때에는 송달받을 사람이 고용·위임 그 밖에 법률상 행위로 취업하고 있는 다른 사람의 주소 등(이하 "근무 장소"라 한다)에서 송달할 수 있다. 제3항 송달받을 사람의 주소등 또는 근무 장소가 국내에 없거나 알 수 없는 때에는 그를 만나는 장소에서 송달할 수 있다. 제4항 주소등 또는 근무 장소가 있는 사람의 경우에도 송달받기를 거부하지 아니하면 만나는 장소에서 송달할 수 있다. 라는 규정에 의하여 ○○○○. ○○. ○○. 14:20분 청주지방법원 제○○○호 법정에 증인으로 출석하는 피고 ○○○를 만나 조우송달을 하고자 하오니 허가하여 주시기 바랍니다.

소 명 자 료 및 첨 부 서 류

1. 대법원 나의사건 표지   1통

1. 피고를 증인으로 대동한다는 변호인의 증인신청서   1통

○○○○ 년 ○○ 월 ○○ 일

위 원고 : ○○○ (인)

청주지방법원 민사○단독 귀중

(2) 조우송달신청서 - 피고에게 소송서루를 송달할 수 없어 피고가 경찰서에 조사받
　　　는 곳에서 만나 송달을 하기 위해 신청하는 조우송달신청서

조 우 송 달 신 청 서

사건번호 : ○○○○가단 ○○○○호 물품대금

원고 : ○○○

피고 : ○○○

○○○○ 년 ○○ 월 ○○ 일

위 원고 : ○○○ (인)

광주지방법원 민사○단독 귀중

조 우 송 달 신 청 서

사건번호 : ○○○○가단○○○○호 물품대금
원고 : ○○○
피고 : ○○○

위 당사자 간 귀원 ○○○○가단○○○○호 물품대금 청구사건에 관하여 원고는 아래의 사유로 피고에 대한 민사소송법 제183조(송달장소)제4항에 따른 조우송달을 신청합니다.

- 아 래 -

피고 : ○○○(주민등록번호 :   )
     주소 : 광주광역시 ○○구 ○○로 ○○, ○○아파트 ○○○동 ○○○호
     현재 : 소재불명(주민등록만 주소지에 등재해놓고 다른 곳에서 거주하고 있으므로 송달할 장소를 알지 못합니다)

1. 위 피고의 주민등록이 등재되어 있는 주소지는 위 주소지와 같으나 귀원에서 발송하는 소송서류가 송달되지 않아 원고는 ○○○○. ○○. ○○. 귀원으로부터 주소보정명령을 받아 피고의 주민등록초본을 발급받았는데 피고는 위 주소지에 그대로 거주하고 있어 원고는 ○○○○. ○○. ○○.위 주소지로 재 송달을 신청하였으나 송달불능 되어 원고는 다시 ○○○○. ○○. ○○. 집행관에 의한 특별송달신청을 하였으나 송달이 되지 않았으며 집행관의 송달 불능이유에 의하면 피고가 주민등록만 등재해놓고 실제 위 주소지에 거주하지 않는 것으로 확인되어 원고는 피고의 송달장소를 알 수 없으므로 공시송달을 신청할 수 있는 요건이 갖추어졌습니다.

   그러나 원고는 먼저 아래와 같은 조우송달을 실시한 후 그래도 송달이 되지 않을 경우에는 공시송달을 신청할 것이므로 일단 공시송달은 유보하겠습니다.

2. 따라서 원고는 피고를 상대로 물품사기 혐의로 광주 광산경찰서에 ○○○○년 형제○○○○호로 고소하였는데 수사를 담당하는 사법경찰관이 압수수색영장을 발부받아 소재를 파악하고 휴대전화로 ○○○○. ○○. ○○. ○○:○○에 출석요구를 하자 피고는 광주 광산경찰서 수사과 조사계 경제2팀 경사 ○○○에게 피의자로 ○○○○. ○○. ○○. ○○:○○에 출석하겠다고 약속을 하였습니다.

3. 귀원 소속 법정경위 또는 집행관으로 하여금 ○○○○. ○○. ○○. ○○:○○ 광주 광산경찰서 수사과 조사계 경제1팀 경사 ○○○에게 피고가 ○○○○년 형 제○○○○호 물품사기 혐의로 피의자신문조사를 받기 위해 피의자로 피고가 출석하오니 피고가 경사 ○○○의 면전에서 피의자신문조서를 받을 때 송달받을 사람이 누구인지 피고를 쉽게 알아 볼 수 있으므로 피고가 피의자신문조서를 마치고 나올 때 그 조사실에서 피고 ○○○에게 소송서류를 송달해 주시기 바랍니다.

4. 민사소송법 제183조(송달장소) 제1항 송달은 받을 사람의 주소·거소·영업소 또는 사무소(이하 "주소 등" 이라 한다)에서 한다. 다만, 법정대리인에게 할 송달은 본인의 영업소나 사무소에서도 할 수 있다. 제2항 제1항의 장소를 알지 못하거나 그 장소에서 송달할 수 없는 때에는 송달받을 사람이 고용·위임 그 밖에 법률상 행위로 취업하고 있는 다른 사람의 주소 등(이하 "근무 장소" 라 한다)에서 송달할 수 있다. 제3항 송달받을 사람의 주소등 또는 근무 장소가 국내에 없거나 알 수 없는 때에는 그를 만나는 장소에서 송달할 수 있다. 제4항 주소등 또는 근무 장소가 있는 사람의 경우에도 송달받기를 거부하지 아니하면 만나는 장소에서 송달할 수 있다. 라는 규정에 의하여 ○○○○. ○○. ○○. ○○:○○ 광주 광산경찰서 ○○○○년 형 제○○○○호 물품사기 혐의로 광주 광산경찰서 수사과 조사계 경제2팀 경사 ○○○에게 출석하여 피의자신문조서를 받고 나오는 피고 ○○○를 만나 조우송달을 실시하고자 하오니 허가하여 주시기 바랍니다.

소 명 자 료   및   첨 부 서 류

1. 고소장   1통

1. 피고에게 출석을 통보한 사실   1통

○○○○ 년 ○○ 월 ○○ 일

위 원고 : ○○○ (인)

광주지방법원 민사○단독 귀중

(3) 특별송달신청서 - 소장 부본 및 변론기일소환장이 송달되지 않아 야간이나 공휴일에 송달을 신청하는 특별송달신청서

특 별 송 달 신 청 서

사건번호 : ○○○○가단○○○○호 공사대금

원고 : ○○○

피고 : ○○○

○○○○ 년 ○○ 월 ○○ 일

위 원고 : ○○○ (인)

대전지방법원 민사○단독 귀중

특 별 송 달 신 청 서

사건번호 : ○○○○가단 ○○○○호 공사대금
원고 : ○○○
피고 : ○○○

위 당사자 간 귀원 ○○○○가단○○○○호 공사대금 청구사건에 관하여 원고는 아래의 사유로 피고에 대한 폐문부재로 송달불능인바, 공휴일 또는 야간을 이용하여 송달을 하고자 특별송달신청을 합니다.

- 아 래 -

피고 : ○ ○ ○(주민등록번호 :   )
　　주소 : 대전시 ○○구 ○○로 ○○, ○○빌라 ○○○동 ○○○호
　　현재 : 폐문부재(피고는 귀가시간이 늦은 시간대로 야간이나 공휴일을 이용해 송달이 가능합니다)

1. 위 사건에 관하여 피고의 주소지로 소장의 부본 및 변론기일소환장을 송달하였으나 우편집배원의 송달불능보고 이유에 의하면 피고가 폐문부재로 송달불능 되어 주소보정명령을 받았습니다.

2. 원고가 알아 본 바에 의하면 피고는 직장에 출근하고 늦은 시간대에 귀가하는 것으로 밝혀져 평일 근무시간에는 소장 기재의 피고 주소지에 전혀 거주하지 않고 있으므로 송달할 수 없습니다.

3. 피고는 직장에서 근무를 마치고 늦은 시간대나 공휴일에만 소장 기재의 피고 주소지에 거주하고 있으므로 귀원 소속 집행관으로 하여금 야간이나 공휴일을 이용하여 소장 부본 및 변론기일소환장을 피고에게 송달하기 위해 특별송달신청에 이른 것이오니 허가하여 주시기 바랍니다.

소 명 자 료 및 첨 부 서 류

1. 집행관수수료(예납한 송달요금으로 대체할 수 있습니다)   1통

○○○○ 년 ○○ 월 ○○ 일

위 원고 : ○○○ (인)

대전지방법원 민사○단독 귀중

(4) 특별송달신청서 - 지급명령이 송달불능 되어 야간이나 휴일을 이용해 집행관으로 하여금 송달하는 특별송달신청서 최신서식

특별송달신청서

사건번호 : ○○○○차○○○○호 대여금청구 독촉사건

채권자 : ○○○

채무자 : ○○○

○○○○ 년 ○○ 월 ○○ 일

위 채권자 : ○○○ (인)

인천지방법원 독촉계 귀중

특 별 송 달 신 청 서

사건번호 : ○○○○차 ○○○○호 대여금청구 독촉사건
채권자 : ○○○
채무자 : ○○○

위 당사자 간 귀원 ○○○○차○○○○호 대여금 청구 독촉사건에 관하여 채권자는 아래의 사유로 채무자에 대한 폐문부재로 송달불능인바, 야건 또는 공휴일을 이용하여 송달을 하고자 특별송달신청을 합니다.

- 아 래 -

채무자 : ○ ○ ○(주민등록번호 :   )
　　　　주소 : 인천시 ○○구 ○○로 ○○, ○○빌라 ○○동 ○○○호
　　　　현재 : 폐문부재(채무자는 귀가시간이 늦은 시간대로 야간이나 공휴일을 이용해 송달이 가능합니다)

1. 위 사건에 관하여 채무자의 주소지로 지급명령정본을 송달하였으나 우편집배원의 송달불능보고의 이유에 의하면 채무자가 폐문부재로 송달불능 되어 주소보정명령을 받았습니다.

2. 채권자가 알아 본 바에 의하면 채무자는 아침 일찍부터 직장에 출근하고 늦은 시간대에 퇴근하는 것으로 밝혀져 평일 근무시간에는 지급명령신청 기재의 채무자는 주소지에 전혀 거주하지 않고 있으므로 지급명령정본을 송달할 수 없습니다.

3. 채무자는 직장에서 근무를 마치고 늦은 시간대나 공휴일에만 지급명령신청 기재의 채무자 주소지에 거주하고 있으므로 귀원 소속 집행관으로 하여금 야간이나 공휴일을 이용하여 지급명령정본을 채무자에게 송달하기 위해 위와 같이 특별송달신청에 이른 것이오니 허가하여 주시기 바랍니다.

소명자료 및 첨부서류

1. 집행관수수료(예납한 송달요금으로 대체할 수 있고, 부족할 경우 추
   가 납부하여야 합니다)   1통

○○○○ 년 ○○ 월 ○○ 일

위 채권자 : ○○○ (인)

인천지방법원 독촉계 귀중

(5) 유치송달신청서 - 송달서류를 고의적으로 송달을 거부하는 경우 송달장소에 놓아두고 송달하는 유치송달신청서 최신서식

유 치 송 달 신 청 서

사건번호 : ○○○○타기 ○○○○호 부동산인도명령

신청인 : ○○○

피신청인 : ○○○

○○○○ 년 ○○ 월 ○○ 일

위 신청인 : ○○○ (인)

춘천지방법원 원주지원 귀중

유 치 송 달 신 청 서

사건번호 : ○○○○타기 ○○○○호 **부동산인도명령**
신청인 : ○○○
피신청인 : ○○○

위 당사자 간 귀원 ○○○○타기○○○○호 부동산인도명령 신청사건에 관하여 신청인은 피 신청인이 불법으로 점유하고 있는 이 사건 부동산으로 송달서류를 발송하였으나 정당한 사유 없이 고의적으로 송달서류를 받지 않고 있으므로 아래와 같이 유치송달을 신청하오니 허가하여 주시기 바랍니다.

- 아 래 -

1. 신청인은 강원도 원주시 ○○로 ○○길 ○○, ○○빌라 ○○동 ○○○호 ○○○.○○㎡를 금 ○○○,○○○,○○○원으로 낙찰을 받고 경락허가 결정에 의하여 대금을 모두 지급하고 소유권이전등기를 마쳤습니다. 위 ○○빌라에는 세입자 피 신청인이 경락대금에서 배당요구를 신청하여 배당금을 모두 수령할 수 있는 상황입니다. 이에 신청인은 위 ○○빌라에 쉽게 입주할 수 있을 것으로 생각했습니다.

2. 그런데 경락허가 결정으로 소유권을 이전하고 위 발라에 가보니 대항력이 없는 피 신청인을 비롯하여 가족으로 보이는 동거인들이 점유하고 있었습니다. 그래서 신청인이 명도확인서를 교부하면 위 빌라를 인도받을 수 있을 것으로 생각했는데 피 신청은 전 소유자인 채무자로부터 손해 본 것이 많다며 신청인에게 포장이사비와 방 한 칸을 얻을 보증을 피 신청인과 그 동거인들이 요구하면서 위 빌라의 인도를 완강히 거절하고 나섰습니다.

3. 이에 신청인은 피 신청인을 상대로 위 빌라에 대한 인도명령을 신청하고 법원에서 소송서류를 피 신청인에게 위 빌라의 주소지로 송달하였으나 송달이

되지 않았습니다. 이러한 경우 신청인이 소속 집행관으로 하여금 야간이나 휴일을 이용하여 피 신청인에게 송달서류를 송달하기 위해 특별송달을 신청 하더라도 피 신청인과 그 동거인이 의도적으로 송달서류를 받지 않을 경우 유치송달을 통하여 송달서류를 송달할 수밖에 없습니다.

4. 따라서 신청인은 송달을 받을 사람, 즉 피 신청인이나 송달영수인(민사소송법 제184조) 또는 그 사람들의 주소·영업소 등에서 보충송달을 받을 수 있는 대행인(동거인)이 정당한 사유 없이 송달받기를 거부하는 때에는 송달할 장소에 송달서류를 놓아두어 송달의 효력을 발생시킬 수 있습니다(민사소송법 제186조 제3항)의 규정에 의하여 유치송달을 할 수가 있습니다.

5. 한편 피 신청인의 동거인은 보충송달을 받을 수 있는 대행인이라 볼 것이며, 이러한 수령대행인이 정당한 사유 없이 송달받기를 거부하는 때에는 송달할 장소인 위 빌라에 대한 피 신청의 주소지에 송달서류를 놓아두어 송달의 효력을 발생시킬 수 있습니다. 즉 우편집배원이 송달할 서류를 주소지에 두어 송달의 효력을 발생시킬 수 있고, 그 사유를 우편송달통지서에 기재하여 법원에 제출하게 함으로써 유치송달로서 이 사건 소송서류를 피 신청인에게 송달하게 하기 위해 이 사건 유치송달신청에 이른 것이오니 허가하여 주시기 바랍니다.

소 명 자 료 및 첨 부 서 류

1. 송달료(예납한 송달요금으로 대체할 수 있습니다)   1통

○○○○ 년 ○○ 월 ○○ 일

위 신청인 : ○○○ (인)

춘천지방법원 원주지원 귀중

(6) 유치송달신청서 - 소장 부본 및 변론기일소환장을 피고나 가족이 수령을 거절하여 집에 놓아두고 송달하는 유치송달신청서 최신서식

유 치 송 달 신 청 서

사건번호 : ○○○○가단 ○○○○호 대여금

원고 : ○○○

피고 : ○○○

○○○○ 년 ○○ 월 ○○ 일

위 원고 : ○○○ (인)

창원지방법원 진주지원 귀중

유 치 송 달 신 청 서

사건번호 : ○○○○가단 ○○○○호 대여금
원고 : ○○○
피고 : ○○○

위 당사자 간 귀원 ○○○○가단○○○○호 대여금 청구사건에 관하여 원고는 피고가 송달장소(주소지)에서 정당한 사유 없이 고의적으로 소장 부본 및 변론기일소환장을 받지 않고 있으므로 아래와 같이 유치송달을 신청하오니 허가하여 주시기 바랍니다.

- 아 래 -

1. 원고는 피고의 간곡한 부탁으로 ○○○○. ○○. ○○. 금 ○○,○○○,○○○원을 대여하고 ○○○○. ○○. ○○. 변제하기로 하는 차용증을 작성 교부받았음에도 불구하고 현재에 이르기까지 변제하지 않고 있습니다.

2. 이에 원고는 피고를 상대로 귀원에 ○○○○. ○○. ○○. ○○○○가단○○○○호로 대여금 청구소송을 제기하여 법원에서 피고의 주소지로 소장 부본 및 변론기일소환장을 송달하였으나 피고 또는 동거인이 송달을 거부하여 송달불능 된 사실이 있습니다.

3. 우편집배원이 제출한 송달불능통지서에 의하면 피고의 주소지로 송달서류를 가지고 1회 방문하였으나 송달영수인이 집 안에 있으면서 문을 열어주지 않아 송달을 하지 못해 다시 송달서류를 가지고 2회 방문하였는데 피고의 처 ○○○이 피고가 법원에서 오는 우편물은 일체 받지 말라고 해서 피고의 처 ○○○가 소송서류의 수령을 완강히 거절하는 바람에 송달을 하지 못한 것으로 그 송달불능의 이유가 기재되어 있습니다.

4. 원고로서는 피고에게 특별송달을 신청하여 송달을 하려고 해 보았으나 피고나 피고의 처 ○○○가 고의적으로 법원에서 보내오는 우편물을 모두 수령을 거절하고 있어서 소속 집행관으로 하여금 특별송달을 신청한다 하더라도 피고나 피고의 처 ○○○이 소송서류의 수령을 거절할 경우 송달할 수 없다는 생각이 듭니다.

5. 원고는 하는 수 없이 송달을 받을 사람, 즉 피고나 송달영수인(민사소송법 제184조) 또는 그 사람들의 주소·영업소 등에서 보충송달을 받을 수 있는 대행인(동거인 피고의 처 ○○○)이 정당한 사유 없이 송달받기를 거부하는 때에는 송달할 장소에 임하여 우편집배원이 송달서류를 놓아두어 송달의 효력을 발생시킬 방법으로 유치송달을 신청할 수밖에 없다고 사료됩니다.

6. 피고의 집에 있는 피고의 처 ○○○은 보충송달을 받을 수 있는 대행인이라 볼 것이며, 이러한 수령대행인이 정당한 사유 없이 송달받기를 거부하는 때에는 송달할 장소인 위 피고의 주소지에 우편집배원이 송달서류를 놓아두어 송달의 효력을 발생시킬 수 있습니다. 즉 우편집배원이 송달할 서류를 주소지에 두어 송달의 효력을 발생시킬 수가 있으므로 그 사유를 우편송달통지서에 기재하여 그 사유를 법원에 제출하면 유치송달로서 이 사건 소송서류를 피고에게 송달된 것으로 하고자 이 사건 유치송달신청을 하오니 허가하여 주시기 바랍니다.

소 명 자 료 및 첨 부 서 류

1. 송달료(예납한 송달요금으로 대체할 수 있습니다)   1통

○○○○ 년 ○○ 월 ○○ 일

위 원고 : ○○○ (인)

창원지방원 진주지원 귀중

(7) 보충송달신청서 – 피고에게 송달되지 않아 피고가 운영하는 사무소에서 피용
자, 종업원 등에게 송달하는 보충송달신청서 최신서식

보 충 송 달 신 청 서

사건번호 : ○○○○가단 ○○○○호 판매대금

원고 : ○○○

피고 : ○○○

○○○○ 년 ○○ 월 ○○ 일

위 원고 : ○○○ (인)

수원지방법원 안산지원 귀중

보 충 송 달 신 청 서

사건번호 : ○○○○가단 ○○○○호 **판매대금**
원고 : ○○○
피고 : ○○○

위 당사자 간 귀원 ○○○○가단○○○○호 대여금 청구사건에 관하여 원고는 피고가 운영하는 사무소에 임하여 피고의 고용인 등에게 아래와 같은 사유로 보충송달을 신청하오니 허가하여 주시기 바랍니다.

- 아 래 -

1. 원고는 주소지에서 건축자재를 판매하고 있고. 피고는 주소지에서 ○○건설이라는 개인사업을 운영하면서 안산시내 여러 곳을 옮겨 다니면서 건축공사를 하고 있습니다.

2. 원고는 피고에게 ○○○○. ○○. ○○.부터 ○○○○. ○○. ○○.까지 총 21회에 걸쳐 원고가 판매하는 시멘트 및 건축자재를 피고가 건축하는 경기도 안산시 ○○구 ○○로 ○길 ○○○,소재 다세대주택을 건축하는 공사현장에 금 ○○,○○○,○○○원의 자재를 판매하고 공급하였으나 현재에 이르기까지 그 판매대금을 지급하지 않고 있습니다.

3. 이에 원고는 피고를 상대로 ○○○○. ○○. ○○. 수원지방법원 안산지원에 ○○○○가단○○○○호로 판매대금 청구소송을 제기하였고, 법원은 소장에 기재된 바와 같이 피고의 주소지로 소장 부본 및 변론기일소환장을 송달하였으나 ○○○○. ○○. ○○. 우편집배원의 송달불능보고서에 의하면 장기간동안 폐문부재로 피고를 도저히 만날 수 없어서 송달을 하지 못했다는 이유입니다.

4. 원고가 피고에게 송달할 수 있는 장소를 파악해 본 바에 의하면 피고는 현

재 경기도 안산시 ○○구 ○○로 ○○, 소재에서 역시 다세대주택을 건축하고 있는 것으로 밝혀졌습니다.

5. 이에 원고는 민사소송법 제186조 제1항 근무 장소 이외의 송달할 장소에서 송달받을 사람을 만나지 못한 때에는 그 사무원·피용자 또는 동거인으로서 사리를 분별할 지능이 있는 사람에게 서류를 교부할 수 있고, 또한 민사소송법 제186조 제2항 근무 장소에서 송달받을 사람을 만나지 못한 때에는 그를 고용하고 있는 사람 또는 그 법정대리인이나 피용자 그 밖의 종업원으로서 사리를 분별할 지능이 있는 사람이 서류의 수령을 거부하지 아니하면 그에게 서류를 교부할 수 있다.라는 규정에 의하여 보충송달을 할 수 있습니다.

6. 따라서 피고가 건축공사를 하면서 현재 근무하는 장소(경기도 안산시 ○○구 ○○로 ○○,)에서 피고가 고용한 피용자, 종업원 등을 수령대리인으로 하여 이 사건의 소장 부본 및 변론기일소환장을 송달하고자 보충송달을 신청하기에 이른 것이오니 아울러 허가하여 주시기 바랍니다.

소 명 자 료 및 첨 부 서 류

1. 송달료(예납한 송달요금으로 대체할 수 있습니다)   1통

○○○○ 년 ○○ 월 ○○ 일

위 원고 : ○○○ (인)

수원지방법원 안산지원 귀중

(8) 보충송달신청서 - 소장 부본 및 소송서류가 피고에게 송달되지 않아 피고의 근무 장소에서 종업원 등에게 송달하는 보충송달신청서

보 충 송 달 신 청 서

사건번호 : ○○○○가단○○○○호 부당이득금반환

원고 : ○○○

피고 : ○○○

○○○○ 년 ○○ 월 ○○ 일

위 원고 : ○○○ (인)

전주지방법원 정읍지원 귀중

보 충 송 달 신 청 서

사건번호 : ○○○○가단 ○○○○호 **부당이득금반환**

원고 : ○○○

피고 : ○○○

위 당사자 간 귀원 ○○○○가단○○○○호 부당이득금반환 청구사건에 관하여 원고는 피고가 근무하는 사무소에 임하여 직장동료 등에게 아래와 같은 사유로 보충송달을 신청하오니 허가하여 주시기 바랍니다.

- 아 래 -

1. 원고는 주소지에서 ○○다세대주택을 건축하여 분양하는 사업을 하고 있고 피고는 주소지에서 ○○건축이라는 상호로 공사 업을 하고 있습니다.

2. 원고는 피고와 사이에 위 ○○다세대주택을 건축하면서 공사대금을 금 ○○○,○○○,○○○원으로 정하고 공사도급계약을 체결하였으나 피고가 건축공사를 80%정도 진행한 상태에서 개인사정으로 공사를 중단하고 정산한 금액을 ○○○,○○○,○○○원로 정하였으나 이미 원고가 피고에게 기히 지급한 ○○○,○○○,○○○원을 지급하였음으로 피고가 금 ○○○,○○○,○○○원을 부당이득금으로 반환하기로 하였습니다.

3. 그런데 피고는 위 공사대금 ○○○,○○○,○○○원을 차일피일 부당이득금을 반환하지 않아 원고는 ○○○○. ○○. ○○. 피고를 상대로 ○○○○. ○○. ○○. 전주지방법원 정읍지원 ○○○○가단○○○○호로 부당이득금반환 청구 소송을 제기하였습니다.

4. 법원은 피고의 주소지로 ○○○○. ○○. ○○. 소장의 부본 및 변론기일소환장을 송달하였으나 ○○○○. ○○. ○○. 우편집배원이 제출한 송달불능보고

서에 의하면 장기폐문부재로 피고를 만날 수가 없어서 송달을 하지 못했다는 이유입니다.

5. 이에 원고는 피고에게 송달할 수 있는 장소를 확인해 본 바에 의하건 피고는 현재 전라북도 정읍시 ○○로 ○○,소재에서 역시 건축공사를 도급받아 하고 있는 것으르 밝혀졌습니다.

6. 원고로서는 민사소송법 제186조 제1항 근무 장소 이외의 송달할 장소에서 송달받을 사람을 만나지 못한 때에는 그 사무원· 피용자 또는 동거인으로서 사리를 분별할 지능이 있는 사람에게 서류를 교부할 수 있으며 같은 제2항 근무 장소에서 송달받을 사람을 만나지 못한 때에는 그를 고용하고 있는 사람 또는 그 법정대리인이나 피용자 그 밖의 종업원으로서 사리를 분별할 지능이 있는 사람이 서류의 수령을 거부하지 아니하면 그에게 서류를 교부할 수 있다.는 규정에 의하여 보충송달을 할 수 있습니다.

7. 그러므로 원고는 피고가 건축공사를 도급받아 현재 사무소가 있는(전라북도 정읍시 ○○로 ○○,)곳에서 피고가 고용한 건축관련 피용자 또는 종업원 등을 수령대리인으로 하여 이 사건의 소장릐 부본 및 변론기일소환장을 피고에게 송달하고자 이 사건 보충송달을 신청하오니 허가하여 주시기 바랍니다.

소 명 자 료 및 첨 부 서 류

1. 송달료(예납한 송달요금으로 대체할 수 있습니다)   1통

○○○○ 년 ○○ 월 ○○ 일

위 원고 : ○○○ (인)

전주지방법원 정읍지원 귀중

(9) 공시송달신청서 - 이혼 등 청구 피고의 주민등록이 직권말소되어 송달장소를 알 수 없어 신청하는 공시송달신청서 최신서식

공 시 송 달 신 청 서

사건번호 : ○○○○드단 ○○○○호 이혼 등 청구

원고 : ○○○

피고 : ○○○

○○○○ 년 ○○ 월 ○○ 일

위 원고 : ○○○ (인)

○○가정법원 귀중

공 시 송 달 신 청 서

사건번호 : ○○○○드단 ○○○○호 이혼 등 청구
원고 : ○○○
피고 : ○○○

위 당사자간 귀원 ○○○○드단○○○○호 이혼 등 청구사건에 관하여 원고는 아래의 사유로 피고에 대한 공시송달을 신청합니다.

- 아 래 -

피고(채무자) : ○○○
　　최후주소 : 경기도 ○○시 ○○구 ○○로 ○○, 별빛마을 ○○동○○○호
　　현재 : 소재불명 (주민등록 직권말소)

위 피고의 주민등록상 주소지는 최후주소지와 같으나 실제로는 위 주소지에 거주한 사실이 없으며, 이에 따라 현재 피고의 주민등록이 직권으로 말소되어 거소는 물론이고 송달하여야 할 장소를 알지 못하여 통상의 방법으로는 소장부본과 지급명령정본의 기타 소송서류를 송달할 수 없으므로 민사소송법 제180조 소정의 공시송달의 방법으로 송달할 것을 허가 하여 주시기 바랍니다.

소 명 자 료 및 첨 부 서 류

1. 피고의 주민등록표 등본   1통

○○○○ 년 ○○ 월 ○○ 일

위 원고 : ○○○ (인)

○○가정법원 귀중

(10) 공시송달신청서 – 주민등록만 주소지에 등재해놓고 실제 다른 곳에 살고 있어 송달하기 위해 신청하는 공시송달신청서 최신서식

공 시 송 달 신 청 서

사건번호 : ○○○○가단 ○○○○호 대여금

원고 : ○○○

피고 : ○○○

○○○○ 년 ○○ 월 ○○ 일

위 원고 : ○○○ (인)

춘천지방법원 강릉지원 귀중

공 시 송 달 신 청 서

사건번호 : ○○○○가단 ○○○○호 대여금
원고 : ○○○
피고 : ○○○

위 당사자간 귀원 ○○○○가단○○○○호 대여금 청구사건에 관하여 원고는 아래의 사유로 피고에 대한 공시송달을 신청합니다.

- 아 래 -

피고 : ○○○
　　최후주소 : 강원도 동해시 ○○로 ○○, ○○○동○○○호
　　현재 : 소재불명 (주민등록은 등재되어 있으나 실제 불거주)

원고는 ○○○○. ○○. ○○. 이 사건 소장을 제출하면서 피고의 주소를 강원도 강릉시 ○○로 ○○길 ○○,로 기재하였는바, 원고가 주민등록초본을 발급받아 확인한 피고의 주소지가 강원도 동해시 ○○로 ○○, ○○아파트 ○○○동○○○호로 이전되어 피고의 주소지를 ○○○○. ○○. ○○.보정서를 제출하자 담당재판부에서 위 주소지로 소장의 부본 및 소송안내문을 발송하였으나 ○○○○. ○○. ○○.폐문부재로 송달이 되지 않아 원고는 ○○○○. ○○. ○○. 특별송달신청서 제출하여 피고의 주소지를 관할하는 소속 집행관으로 하여금 특별송달을 신청하였으나 ○○○○. ○○. ○○. 폐문부재로 송달이 되지 않았는데 집행관이 제출한 송달불능통지서에 의하면 피고의 주민등록은 주소지에 등재되어 있으나 실제 그 주소지에 살고 있지 않는다는 이유로서 통상의 방법으로는 소장의 부본 및 소송안내서를 피고에게 송달할 수가 없으므로 민사소송법 제180조 소정의 공시송달의 방법으로 송달하고자 신청하오니 아울러 허가하여 주시기 바랍니다.

소 명 자 료 및 첨 부 서 류

1. 피고의 주민등록표 등본   1통

○○○○ 년 ○○ 월 ○○ 일

위 원고 : ○○○ (인)

춘천지방법원 강릉지원 귀중

(11) 공시송달신청서 - 의사표시의 공시송달신청서 계약해제통고서가 송달되지 않아 반송된 내용증명서를 첨부하여 신청하는 공시송달신청서 최신서식

의 사 표 시 의   공 시 송 달 신 청 서

신청인 : ○○○

상대방 : ○○○

의사표시의 공시송달신청

첨부할 인지액	금	1,000 원
첨부한 인지액	금	1,000 원
납부한 송달료	금	31,200 원
비 고		

춘천지방법원 원주지원 귀중

의 사 표 시 의 공 시 송 달 신 청 서

1.신청인

성 명	○ ○ ○	주민등록번호	생략
주 소	강원도 원주시 ○○○로 ○○, ○○○-○○○호		
직 업	상업	사무실 주 소	생략
전 화	(휴대폰) 010 - 2345 - 0000		
기타사항	이 사건 임차인입니다.		

2.상대방

성 명	○ ○ ○	주민등록번호	생략
주 소	강원도 원주시 ○○로 ○○, ○○○호		
직 업	무지	사무실 주 소	생략
전 화	(휴대폰) 무지		
기타사항	이 사건 임대인입니다.		

신 청 취 지

1. 신청인과 상대방 사이에 강원도 원주시 ○○로 ○○, ○○아파트 ○○○동 ○○○○호 ○○○.○○㎡ 전세보증금 290,000,000원의 임대차계약에 대하여 신청인이 상대방에게 할 계약해지의 의사표시를 별지 계약해지통고서를 공시송달 할 것을 명한다.

라는 재판을 원합니다.

신 청 원 인

1. 신청인과 상대방 사이에 강원도 원주시 ○○로 ○○, ○○아파트 ○○○동 ○○○○호 ○○○.○○㎡ 전세보증금 290,000,000원의 임대차계약에 대하여 그 계약기간이 만료되어 임대차계약을 해지한다는 의사표시를 하기 위해 계약해지 통보서를 작성하여 상대방의 주소지로 발송하였으나 상대방은 위 주소지에 살지 아니하고 실제 거주하는 주소를 알 수 없어 계약해지의 의사표시를 통보할 방법이 없습니다.

2. 이에 신청인은 별지의 계약해지 통고서를 민사소송법 제194조에 따른 공시송달로서 송달을 하기 위해 민법 제113조에 따라 신청하기에 이른 것입니다.

소 명 자 료 및 첨 부 서 류

1. 소 갑제1호증   임대차계약서

1. 소 갑제2호증   계약해지 통고서

1. 소 갑제3호증   내용증명 반송된 봉투

1. 소 갑제4호증   불거주사실확인서

○○○○ 년 ○○ 월 ○○ 일

위 신청인 : ○○○ (인)

춘천지방법원 원주지원 귀중

계약해지 통고서

발신인(임차인) : ○○○

수신인(임대인) : ○○○

수신인(임대인) ○○○ 귀하

계 약 해 지 통 고 서

1. 발신인(임차인)

성 명	○ ○ ○		주민등록번호	생략
주 소	강원도 원주시 ○○○로 ○○, ○○○-○○○호			
직 업	상업	사무실 주 소	생략	
전 화	(휴대폰) 010 - 1234 - 0000			
기타사항	이 사건 임차인입니다.			

2. 수신인(임대인)

성 명	○ ○ ○		주민등록번호	생략
주 소	강원도 원주시 ○○로 ○○, ○○○호			
직 업	무지	사무실 주 소	생략	
전 화	(휴대폰) 무지			
기타사항	이 사건 임대인입니다.			

3.계약해지 통고의 요지

(1) 발신인과 수신인은 수신인 소유의 강원도 원주시 ○○로 ○○, ○○아파트 ○○동 ○○○○호 ○○○.○○㎡ 전세보증금 290,000,000원의 임대차계약에 대하여 그 계약기간이 만료되어 임대차계약을 해지한다는 의사표시를 하기 위해 계약해지 통보서를 작성하여 수신인에게 발송하기에 이른 것입니다.

(2) 그러므로 위 임대차계약의 해지로 수신인께서 보증금으로 보관하고 있는 전세보증금 290,000,000원을 반환하시기 바랍니다.

(3) 불이행시 가차 없이 법적조치를 취할 수밖에 없음을 양해하시고 꼭 약속을 지켜 주시기 바랍니다. 부탁드립니다.

소 명 자 료 및 첨 부 서 류

1. 임대차계약서   1부

1. 계좌입금 통장사본   1부

○○○○ 년 ○○ 월 ○○ 일

위 발신인(임차인) : ○○○ (인)

수신인(임대인) ○○○ 귀하

■ 편 저 대한법률콘텐츠연구회 ■

(연구회 발행도서)

· 위증죄 모해위증죄 고소장 고소방법
· 형사사건항소 항소이유서 작성방법
· 업무방해 영업방해 고소장 고소방법
· 빌려준 돈 받는 방법 사기고소·민사소송 지급명령신청
· 허위신고(고소) 무고죄 고소장 작성방법 고소방법
· 민사소송 항소방법 원판결 취소·변경
· 대출금·카드대금 소멸시효 안 갚아도 되는 방법
· 의사표시 내용증명서 작성방법

소장·지급명령·소송서류 조우/유치/보충/특별/공시송달 송달방법

소장·지급명령·소송서류 송달방법 송달요령

2025년 10월 15일 인쇄
2025년 10월 20일 발행

편 저 대한법률콘텐츠연구회
발행인 김현호
발행처 법문북스
공급처 법률미디어

주소 서울 구로구 경인로 54길4(구로동 636-62)
전화 02)2636-2911~2, 팩스 02)2636-3012
홈페이지 www.lawb.co.kr

등록일자 1979년 8월 27일
등록번호 제5-22호

ISBN 979-11-94820-31-4 (13360)

정가 24,000원

이 도서의 국립중앙도서관 출판예정도서목록(CIP)은 서지정보유통지원시스템 홈페이지(http://seoji.nl.go.kr)와 국가
자료종합목록 구축시스템(http://kolis-net.nl.go.kr)에서 이용하실 수 있습니다.

홈페이지 www.lawb.co.kr
페이스북 www.facebook.com/bummun3011
인스타그램 www.instagram.com/bummun3011
네이버 블로그 blog.naver.com/bubmunk